# Psicologia Pragmatica

## Strumenti Pratici per Essere Follemente Felici

Susanna Mittermaier

*Psicologia Pragmatica*
Copyright © 2013 Susanna Mittermaier
ISBN: 978-1-63493-027-7

Foto di copertina: Lena Evertsson

Tutti i diritti riservati. Nessuna parte di questa pubblicazione può essere riprodotta, copiata in un sistema di recupero dei dati, o trasmessa, in qualsiasi forma o con qualsiasi mezzo, elettronico, meccanico, fotocopiandola, registrandola o in qualunque altro modo, senza previa autorizzazione dell'editore.

L'autore e l'editore del libro non rivendicano o garantiscono alcun risultato di tipo fisico, mentale, emozionale, spirituale o finanziario. Tutti i prodotti, servizi e informazioni fornite dall'autore hanno esclusivamente uno scopo d'istruzione e d'intrattenimento di carattere generale. Le informazioni fornite qui non costituiscono in alcun modo un sostituto a consultazione medica o di altri professionisti. Nell'eventualità che il lettore utilizzi qualsiasi informazione contenuta in questo libro per se stesso, l'autore e l'editore non si assumono alcuna responsabilità per le azioni del lettore.

Pubblicato da
Access Consciousness Publishing, LLC
www.accessconsciousnesspublishing.com

Traduzione: Chiara Dolza
Editing: Igor Andreotti, Erika Mangiapane
Correzione Bozze: Erika Mangiapane

Stampato negli Stati Uniti d'America

# Indice

Introduzione ................................................................... v

Gratitudine .................................................................. vii

Psicologia Pragmatica: Strumenti Pratici per Essere
Follemente Felici ........................................................... ix

Capitolo Uno: Avevo Sbagliato Tutto ............................... 13

Capitolo Due: Psicologia Pragmatica ................................ 23

Capitolo Tre: Cambiare Può Essere Facile e Veloce –
Non Solo Per Gli Americani ............................................ 29

Capitolo Quattro: La Frase di Pulizia di Access
Consciousness® – Essere Harry Potter ............................. 49

Capitolo Cinque: Pensieri, Sentimenti ed Emozioni
per Essere Normali ......................................................... 55

Capitolo Sei: Giudizi: Il Binario Morto ............................ 67

Capitolo Sette: Sintomi che diventano Diagnosi.
E Tu, in Quale Categoria Sei? ......................................... 77

Capitolo Otto: Lo Spazio Chiamato Te – È Strano,
È Stravagante, Ma Funziona ........................................... 81

Capitolo Nove: Distrazioni – Rabbia e Colpa ................... 89

Capitolo Dieci: Difendersi – Tu Nella Tua Fortezza ......... 97

Capitolo Undici: I Tuoi „Disordini" Sono
In Realtà Super Poteri? ................................................. 105

Capitolo Dodici: Uscire dall'Abuso ................................ 135

Capitolo Tredici: Depressione - La Grandezza di Te ....... 143

Capitolo Quattordici: Uomo Morto Che Cammina
(Zombie) ........................................................................... 151

Capitolo Quindici: Vuoi Davvero Cambiare? ..................... 155

Capitolo Sedici: Esaurito o Attizzato? ................................ 159

Capitolo Diciassette: Relazioni - Ti Stanno
Uccidendo Delicatamente? ................................................ 163

Capitolo Diciotto: La Felicità È Solo una Scelta ................ 171

Capitolo Diciannove: La maggioranza Comanda Davvero? .... 177

Capitolo Venti: "Spazio-fobia" - Eviti lo spazio? ............... 185

Capitolo Ventuno: Attenzione ai Cosiddetti Esperti ........... 191

Riguardo all'Autore ........................................................... 207

Classi di Psicologia Pragmatica ......................................... 209

Le Classi Principali di Access Consciousness® .................. 213

Altri Libri di Access Consciousness® Publishing .............. 219

# Introduzione

Scrivere questo libro è stato un viaggio meraviglioso e un piacere! Dovrei dire che è stato un duro lavoro e che mi ci è voluto molto tempo. Mentirei. È stato facile e veloce. Proprio come me.

Ti sto presentando quello che so e invitando a scoprire quello che tu sai. E se sapessi molto più di quanto credevi, su te stesso e sul creare la vita che davvero ti piacerebbe? Se le cose che chiami erroneità, folli e assurde, fossero esattamente gli strumenti per accedere alla felicità e alla gioia che sei. Come sarebbe se iniziassi a celebrare la differenza che sei?

# Gratitudine

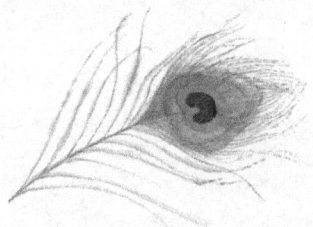

La mia gratitudine è immensa! Grazie, Gary M. Douglas, l'uomo che continua a riconoscere chi sono e di cosa sono veramente capace. Grazie di essere e vivere la realtà più grandiosa che è disponibile su questo pianeta e grazie di non mollare mai! Grazie, Dott. Dain Heer, l'uomo che mi stimola a seguire la gioia e la potenza che sono e continua a ricordarmi che la mia realtà è davvero facilità, gioia e gloria. Grazie mamma e papà. Siete delle persone così gentili! Avervi come genitori è l'onore più grande. Grazie, perché mi sostenete nell'essere chi sono.

Grazie Joy Voeth, per il tuo servizio editoriale e per la gioia e la facilità di creare con te. E davvero grazie a tutti coloro implicati nell'editing e nel design.

Grazie lettori di considerare possibilità più grandiose per Voi.

Godetevi la lettura.

Godetevi Voi.

*Susanna Mittermaier*

# Psicologia Pragmatica: Strumenti Pratici per Essere Follemente Felici

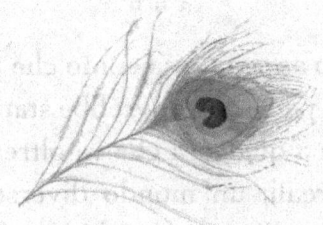

- 🖋 È ora il momento di creare il mondo che abbiamo sempre saputo che era possibile?
- 🖋 Come sarebbe se vivere fosse molto più leggero e più facile di quanto pensavi potesse essere?
- 🖋 Come sarebbe se potessi lasciar andare ogni "erroneità" di te, tutti i dubbi riguardo a quello che non puoi realizzare, tutti i giudizi che hai su te stesso e diventassi consapevole di chi sei veramente e di cosa sei realmente capace?
- 🖋 È ora il momento di andare oltre l'essere oppresso dal tuo passato?
- 🖋 E se la psicologia fosse di più che risolvere i problemi? E se la psicologia avesse a che fare col potenziarti a essere tutto quello che sei e a riconoscere il tuo sapere? E se la psicologia riguardasse il creare un futuro diverso e sostenibile per te e per tutti noi?

- Quale realtà, che non è mai esistita prima, sei ora in grado di generare e creare per te stesso e per il mondo?
- È il momento di godere e impiegare la tua follia per creare la vita che realmente desideri?
- È questo il momento per te di essere follemente felice?

* * *

Buffo, mi sono appena resa conto che ho iniziato questo libro scrivendo la parte che dovrebbe stare in fondo, il gran finale, invitandoti a qualcosa che va oltre le limitazioni che pensavi fossero reali; un mondo diverso. Immagino che, se hai scelto questo libro, stai richiedendo qualcosa di più grande.

Allora, perché non iniziare subito con questo? Non hai aspettato per tutta la vita il momento in cui inizia la parte buona? Come sarebbe se il lieto fine fosse disponibile *ora*, e se fosse solo l'inizio?

Come sarebbe se riuscissi a smettere di renderti sbagliato perché desideri qualcosa di più grande, oltre quello che questa realtà sembra offrire e che gli altri dicono sia possibile? Sai quale regalo sei per il mondo semplicemente essendo te e chiedendo qualcosa di più?

La maggioranza delle persone è stata giudicata perché non è mai soddisfatta. Chiedere di più è ciò che fa girare il mondo. È ciò che permette a nuove possibilità di mostrarsi oltre le limitazioni che gli altri rendono reali.

Quanto della tua vita stai usando per risolvere problemi e questioni? Quanto stai cercando di sentirti bene come se questo fosse il risultato che si suppone tu debba ottenere? E quanto ti sei sentito male, durante tutta la tua vita, perché non arrivavi al punto in cui ti sentivi abbastanza bene? Quanto giudichi te stesso ogni giorno perché non fai le cose nel modo giusto, non fai abbastanza, non sei abbastanza; perché non hai il corpo giusto, la relazione perfetta, il denaro, il sesso grandioso, la carriera e un business di successo? Quante volte in vita tua sei stato colpito da depressione, ansia, attacchi di panico o altre espressioni non-così-piacevoli e ti sei sentito intrappolato senza via d'uscita?

Questa è la realtà nella quale vive la maggior parte delle persone. È un mondo nel quale depressione, ansia o altre malattie sono una parte abituale della vita. Sentirsi male ed avere problemi è considerato normale in questa realtà! Quanti dei tuoi problemi stai creando per essere normale? Come sarebbe se andassi oltre essere normale e accedessi alla tua vera genialità?

\* \* \*

Sono una psicologa clinica e negli ultimi anni ho lavorato nel settore della salute mentale, incontrando innumerevoli quantità di persone con tutti i tipi di diagnosi e problematiche. Quello che tutti quanti mi raccontano è quanto loro siano terribili; che hanno ogni tipo di problema e che non fanno mai la cosa giusta o non vanno mai bene ovunque vadano. Dicono che vorrebbero cambiare, ma non pensano che il cambiamento sia una possibilità perché hanno provato così tante tecniche e terapie e niente ha davvero mai funzionato. Ogni tanto incontro persone per le quali questa situazione è andata così oltre che hanno smesso di parlare. Altri hanno provato varie medicine, ma nessuna ha avuto l'effetto desiderato.

I miei clienti hanno diagnosi quali: depressione, ansia, schizofrenia, fobie, disordini alimentari, disordini della personalità, bipolarismo, ADHD (Disturbo da Deficit di Attenzione e Iperattività), ADD (Disturbo da Deficit di Attenzione), OCD (Disturbo Ossessivo-Compulsivo), autismo, sindrome di Asperger e varianti di questa.

Lavoro con queste persone in un modo molto diverso da quello che ho imparato a fare nella mia istruzione per diventare una psicologa. Non ero mai davvero soddisfatta degli strumenti che mi erano stati dati e ho sempre saputo che qualcosa di più grande è possibile. Così ho iniziato un percorso per trovare un modo di facilitare il cambiamento che funzionasse. Quello che ho trovato è stato Access Consciousness®, fondato da Gary M. Douglas e co-creato dal Dott. Dain Heer.

Access Consciousness® offre strumenti e tecniche per cambiare qualsiasi cosa stia succedendo nella tua vita, in modo che tu possa uscire dalla trappola che ti porta a pensare che non ci sia altra scelta se non quella di essere gravato dall'erroneità di te, e arrivare in uno spazio nel quale tu sai di avere scelta. Uno spazio in cui sai quello che sai e in cui ti senti libero di essere chi sei veramente. Questo è lo spazio nel quale sei casa, in cui crei la tua realtà. Questo modo di creare il cambiamento è davvero diverso.

Ora iniziamo!

## Capitolo Uno

# Avevo Sbagliato Tutto

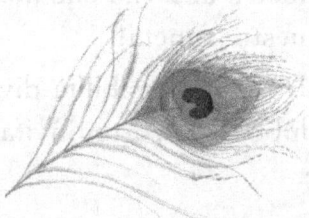

Conosco, per mia esperienza, le sfide che pone la trasformazione personale. Malgrado il mio successo esteriore, 5 anni fa mi sono resa conto di quanto fossi infelice. Avevo tutto quello che una persona in questa realtà dovrebbe avere per essere totalmente felice e soddisfatta: un'istruzione, un uomo piacevole, soldi, una casa, un lavoro, una carriera fiorente ed ero incinta. Mi guardavo intorno, guardavo i miei vicini e mi dicevo: "Perché non posso essere felice quanto queste persone? Ho tutto. Cosa c'è di sbagliato in me?"

Dopo poco, il mio mondo intero si è sconvolto. Mi ricordo mentre ero di ritorno dal dottore dove avevo ricevuto la notizia che avevo un bambino morto nella pancia. Ero piuttosto avanti nella gravidanza e stavo in piedi, nel soggiorno della mia casa perfetta: la mia vita perfetta mi si è sgretolata davanti e le luci si sono letteralmente accese. Ho avuto una di quelle strane esperienze in cui ho visto una luce bianca tutt'intorno a me... e sapevo che tutto andava bene. Ero felice!

Non avrei dovuto essere felice sapendo che avevo perso tutto quello che pensavo di volere. Presto, però, ho iniziato a creare una realtà molto più grandiosa; la morte del mio bambino ha dato luce a una vita che non sapevo fosse possibile per me su questo pianeta!

Ora so che esiste una possibilità diversa per tutti noi! Lo so oltre ogni dubbio! E vorrei invitarti a quello che tu sai che è possibile.

\* \* \*

Quando ho iniziato con Access Consciousness®, mi sono resa conto che la psicologia è designata a rendere la tua vita migliore, pur continuando ad adattarti a questa realtà, rendendoti una versione migliore di quello che eri prima; per conformarti, è richiesto che tu cambi il tuo modo di pensare e di comportarti.

Questo approccio non lascia molta libertà, dal momento che è sempre basato sul giudizio di quello che è il modo giusto di essere e di vivere, e qual è il modo sbagliato di essere e di vivere. Ti lascia nel punto in cui devi costantemente comprendere cosa scegliere per essere nel giusto, per adeguarti e per essere "normale".

Comunque sia, ho iniziato a chiedermi: questo è abbastanza? Sta funzionando? Cosa sanno realmente i miei clienti?

Ti sto invitando a qualcosa di diverso, in cui non ti dirò quello che è giusto o sbagliato o ciò che dovresti fare o non fare. Ti sto invitando a fare domande e a scoprire cos'è vero per te.

Quando ho intrapreso questo viaggio, sono rimasta sbalordita nello scoprire che la vita può essere molto più espansiva del solo tentare di adattarsi ed essere normale. Ho sempre saputo che la felicità è una scelta che tutti abbiamo. Diventando adulta ho dimenticato questa possibilità, dal momento che ero così indaffarata a cercare di creare una vita "normale". Tutto sembrava perfetto come in una cartolina, eppure stavo lentamente diventando sempre più depressa mentre vivevo la versione della vita di qualcun altro.

Quanto della tua depressione, ansia e altri problemi, ha a che fare con il fatto che vivi la versione della vita di qualcun altro, e con il fatto che sai che c'è così tanto di più disponibile per te che non ti sei mai permesso di scegliere? Quanto ha a che fare con il fatto che ti hanno detto che quello che per te è possibile, non è possibile? O che ti hanno detto, con o senza parole, che sei pazzo anche solo a considerare qualcosa di diverso? Quanto hai ascoltato queste affermazioni, rendendoti sbagliato, trattenendo tutto ciò che sai che è vero per te, creando dolore, tensione, depressione e problemi psicologici, e rinchiudendoli nel tuo corpo?

È ora il momento di cambiare questo?

E se potessi cambiare tutta la tua vita e anche di più, riconoscendo quello che è vero per te?

Riconoscere chi sono e quello che so, è ciò che ha cambiato la mia vita dalla modalità depressione alla modalità creazione fantastica a super-velocità con una bella dose di felicità.

Sei pronto ad andare oltre a quello che percepivi come problemi e quello che pensavi fosse reale e scoprire quali possibilità e avventure ti stanno aspettando?

Devo avvisarti: folle e facile. Due cose che non sono permesse in questa realtà. Sei pronto a infrangere le regole?

\* \* \*

Ti starai facendo delle domande sul titolo di questo libro e su cosa la psicologia abbia a che fare con il creare il tuo mondo. E perché "mondo", non è un po' troppo grande? Sì, lo è. E se essere te stesso fosse un regalo per il mondo? E se uscire dalla tua erroneità e creare il tuo vivere non cambiasse solo il tuo mondo, ma fosse anche l'invito per altri a scegliere, a riconoscere il loro sapere e ad essere chi che sono?

Ho visto questa cosa accadere a così tanti miei clienti. Loro scelgono di essere di più di chi sono realmente e la loro intera realtà cambia. Ogni volta che scelgo di farmi avanti e celebrare il vivere e la differenza che sono, la mia realtà e le persone intorno a me cambiano.

Cercavo di rendere i miei genitori felici e ho fatto tutto quello che potevo per mostrare loro che la vita può essere molto più grandiosa del dramma, del trauma e del pensare che tutto quello che fanno è sbagliato. Più cercavo di renderli felici, più io diventavo infelice. E quando ho iniziato a godermi la mia felicità, hanno iniziato a farmi domande su cosa facessi per essere così felice. Hanno iniziato ad interessarsi a imparare di più riguardo agli strumenti che uso. Hanno perfino incominciato a venire ai seminari che facilito e a dirmi che ogni volta imparavano qualcosa di nuovo. Ora sanno che hanno scelta in ogni momento, e io so che ho la scelta di essere in allowance (*n.∂.t.* allowance: permettere che sia) di quello che scelgono.

Questo libro è un invito per te, affinché tu esca dalla scatola che chiami la tua vita e lasci andare i giudizi che ti limitano e le cose che chiami i tuoi problemi, in modo che tu possa essere chi sei veramente, per generare e creare la tua realtà come realmente la desideri.

Quanto sarebbe diverso il tuo mondo se lasciassi andare l'"erroneità" di te e il valore dei tuoi problemi, e ti rendessi conto di ciò che è vero per te?

Potresti dire che sono pazza perché ho un tale punto di vista. E avresti ragione; lo sono. E se essere folli fosse quello che ci permette di essere la differenza che siamo veramente e ci permettesse di renderci conto che esiste una possibilità diversa per tutti noi e per il mondo? E se permetterti di essere pazzo e diverso significasse non dover più lavorare così duramente per conformarti, per essere come tutti gli altri e per cercare di essere "normale"? Sei consapevole di quanta energia serva per cercare di essere normale e adattarsi?

E se ogni "erroneità" che pensi di avere fosse proprio una "forza"? E se lo schizzato che pensi di essere fosse in realtà la differenza che sei; e se questo fosse esattamente ciò che il mondo richiede da te? E se la tua cosiddetta malattia mentale fosse semplicemente un'etichetta delle capacità che hai? Saresti disposto a considerare questo come una possibilità? Sei disposto a rinunciare ai tuoi punti di vista su chi pensavi di essere e a iniziare l'avventura per scoprire chi sei realmente? Che cosa sai che è davvero possibile per te?

Sei disposto ad aprirti a una possibilità diversa?

E se avessi un'altra scelta rispetto ad essere la vittima della tua storia, del tuo passato, della tua infanzia e dei tuoi problemi? E se avessi la possibilità di scegliere qualcosa di diverso? E se fosse più facile e più veloce di quanto nessuno ti abbia mai detto?

Questo libro ti darà le informazioni, gli strumenti e le chiavi per la tua libertà, per andare oltre a quelli che chiami i tuoi problemi, le tue difficoltà e la tua necessità di limitare te stesso.

Quando frequentavo il liceo non ero considerata intelligente quanto gli altri ragazzi. Il termine usato era "non altrettanto dotata". Ma all'università ero una dei migliori studenti. Questo non aveva senso per me, così mi sono chiesta: "Cosa sta succedendo in realtà? Qual è la consapevolezza qui che non ho riconosciuto?" Quello che ho scoperto è che quella che veniva definita una "disabilità" era semplicemente un indizio del fatto che io elaboro le informazioni in un modo diverso. Ho imparato che quella che era considerata una "erroneità" è in realtà una differenza che posso usare a mio vantaggio, dal momento che mi permette di elaborare molte informazioni in pochissimo tempo e con totale facilità. Prima di iniziare a fare domande per scoprire quello che è vero per me, mi ero resa l'effetto della mia infanzia e pensavo di essere stupida. Facendo domande, si è aperto un mondo totalmente diverso.

Quale abilità hai confuso come una disabilità?

E se fossi molto più dei tuoi problemi, pensieri, sentimenti ed emozioni?

E se potessi impiegare a tuo vantaggio le tue cosiddette malattie mentali? Benvenuto alla super-donna e al super-uomo *che sei veramente.*

Molti dei miei clienti mi dicono che gli sarebbe piaciuto aver ricevuto queste informazioni quando erano giovani, perché avrebbero potuto cambiare tutta la loro vita.

Io non sono la tua esperta o una guru. Sono qui per invitarti a scoprire quello che già sai. Mentre leggi questo, sii consapevole di quello che ti fa sentire più leggero e quello che espande il tuo universo. Quello che ti fa sentire più leggero è ciò che è vero per te.

È ora il momento di scoprire quello che sai?
È ora il momento di fidarti di te stesso?

\* \* \*

### Susanna — La Psicologa Strana

Per anni ho lavorato come psicologa clinica, usando diversi metodi; per esempio la terapia psico-dinamica a lungo e corto termine e la psicoterapia cognitiva comportamentale. Applico test neuropsicologici per accertare le diagnosi.

Nel mio primo anno come psicologa clinica, sentivo il mio lavoro pesante e il mio corpo era spesso stanco. Avevo il punto di vista che fosse mia responsabilità prendermi cura dei miei pazienti, renderli migliori e salvarli dal commettere un suicidio.

Vorresti chiudere il libro adesso e andare a dormire? Beh, questo è stato il mio primo anno da psicologa. Lavoro e sonno. E per molti dei miei colleghi questa è ancora la realtà nella quale vivono. Può suonare esagerato, ma guardati intorno. Quanta energia ha la maggior parte degli psicologi, degli assistenti sociali, degli insegnanti, delle madri e dei padri, ecc. dopo una settimana di lavoro? Quanto tempo impiegano le persone a salvare gli altri e a farli sentire meglio?

Quanto tempo impieghi tu per far sentire meglio gli altri? Passa in rassegna la tua vita e fatti un'idea di quanto del tuo tempo usi per aiutare gli altri.

Io non ero neanche consapevole di quanta energia mi costasse il mio lavoro. Sì, uso di proposito il termine "costare". Paghiamo non solo in denaro, paghiamo anche con il nostro tempo, la nostra energia e noi stessi. Dopo soltanto un anno ho iniziato a considerare una professione diversa. Non ero disposta a dedicare la mia vita solo al duro lavoro e al sonno. Neanche per sogno! I risultati che stavo ottenendo con il metodo tradizionale di terapia non erano abbastanza buoni per continuare a lavorare in quel modo. Quello che potevo facilitare per i miei clienti non era ciò che io sapevo che era possibile.

Questa cosa doveva cambiare! Questa era la mia esigenza. Anche se avevo studiato molti anni per diventare una psicologa, ero disposta a lasciar andare tutto e a considerare una professione diversa se il lavoro, e il modo in cui si presentava, non fossero cambiati.

Durante questo periodo, ho avuto la consapevolezza che una formazione avrebbe cambiato le cose per me. Qualche tipo di corso o seminario sarebbe stato il punto di partenza per qualcosa di nuovo. Non sapevo quale tipo di corso o quando sarebbe saltato fuori. Sapevo solo che sarebbe arrivato. Lo sapevo con certezza.

Per favore, non divertirti neanche un po' leggendo questo libro. Il divertimento è dannoso. È immorale e rende la vita fin troppo facile. Specialmente se sei uno psicologo e lavori usando la terapia, si dovrebbe essere molto seri, altrimenti si viene giudicati e crocifissi sulla croce di chi non si basa su evidenze scientifiche. Dobbiamo essere "professionali". Ed essere professionali significa escludere il divertimento. Il cambiamento più grande con i miei clienti è avvenuto quando hanno iniziato a permettersi di divertirsi.

Oh, per soddisfare il mio cervello, lui che per una grande parte della mia vita è stato la mia più cara risorsa. Io e il mio cervello eravamo migliori amici; facevamo qualsiasi cosa insieme, andavamo ovunque, risolvevamo qualsiasi problema... oh, quelli sì che erano bei giorni.

Eh sì, ero una "cervellopede". Cos'è un "cervellopede"? Sai, quando i bambini piccoli iniziano a disegnare le persone, le disegnano con una grande testa e piccoli piedi attaccati al cervello. Non li disegnano così perché hanno una capacità limitata di disegnare a quell'età. In realtà, sono brillantemente consapevoli di come le persone scelgono di funzionare in questa realtà. Sanno che questo è un mondo di solo-cervello. Lascia indietro il tuo corpo, prendi il tuo cervello e diamoci dentro. Chiamo questo modo di funzionare essere un cervellopede: cervello sui piedi. (Benvenuto al mio strano senso dell'umorismo.)

OK, ritorniamo a dov'ero rimasta. Per soddisfare il mio cervello eccessivamente attivo, ero alla costante ricerca di seminari e corsi. Il mio cervello mi richiedeva di fare qualcosa, dal momento che semplicemente avere fiducia, esserci e permettergli di mostrarsi non era abbastanza per il mio caro cervello. Dovevo essere in controllo. (Tra l'altro, non ne sai niente tu dell'essere un maniaco del controllo, vero?)

La mia diligente ricerca era vana. Poi un seminario di Access Consciousness® si è presentato in un momento e in un modo che non mi aspettavo minimamente. Non avevo idea di cosa si sarebbe trattato, ma ci sono andata, sapendo che, in qualche modo, avrebbe cambiato la mia vita.

Il seminario è durato cinque giorni e mi ha portato a partecipare ad altri corsi e classi di Access Consciousness® in giro per il mondo: Svezia, Inghilterra, Costa Rica e Australia. Il risultato: sentivo di avere una vita completamente diversa, una realtà differente e una valigia piena di strumenti per facilitare il cambiamento per me e il mondo.

La mia relazione è cambiata. Ho venduto la mia casa e mi sono trasferita in città. Ho cambiato il mio modo di lavorare, e sopra ogni cosa, ho acquisito un senso di me e di quello di cui sono realmente capace che non avevo mai creduto fosse possibile.

Ora sto creando un paradigma diverso con la psicologia e con la terapia, con quello che so e che sono e con gli strumenti rivoluzionari di Access Consciousness®. Io la chiamo "Psicologia Pragmatica."

## Capitolo Due

# Psicologia Pragmatica

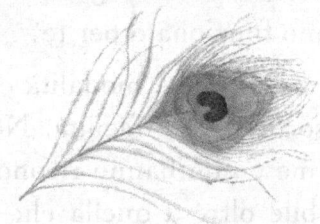

Cosa intendo con "Psicologia Pragmatica?" È il nome che dò alle tecniche, alle informazioni e ai punti di vista che ti facilitano a smettere di essere la vittima e l'effetto del tuo passato, delle altre persone e dei tuoi condizionamenti. Questi strumenti ti potenziano a sapere che hai scelta; utilizzarli apre la porta affinché tu possa creare la tua vita e possa vivere nel modo che veramente desideri. Psicologia Pragmatica riconosce le tue capacità, chi sei e cosa sai. Riguarda il togliere dal tuo cammino tutto quello che non ti permette di essere te. Psicologia Pragmatica è applicare gli strumenti di Access Consciousness® alla psicologia e alla terapia per creare una prospettiva diversa sulla pazzia, sulle diagnosi e una possibilità più grande per il cambiamento.

Questa non è un'altra teoria o un concetto che ti dice come dovresti vivere la tua vita. Non è una ricetta su come aggiustare la tua vita. E neppure una modalità che ti dice cosa è giusto e cosa è sbagliato. Non riguarda il farti adattare di più a questa realtà. La maggior parte delle modalità e teorie sono progettate per ottenere tutto questo; sono una maniera di spiegare e rendere comprensibile quello che sta succedendo nel mondo, come tentativo di trovare una soluzione alla sofferenza e al dolore. Quante di queste modalità hai provato? Hanno funzionato per te?

Ho studiato e usato molte modalità che non mi hanno mai dato un senso di pace e facilità. Non mi hanno mai dato un senso di me e non hanno riconosciuto quello che io so che è possibile oltre a quella che mi è stata consegnata come questa realtà. Quello che ho scoperto è che la maggior parte delle modalità viene creata per aggiustare un problema, il che significa che le persone che le usano ritengono che ci sia un problema.

Anche i clienti lo presumono. Quando li incontro ogni giorno, mi raccontano di tutto quello che hanno passato, dell'abuso, di quanto sono sbagliati e mi vengono le lacrime agli occhi. Vedo la loro genialità, le loro capacità, il loro essere incredibili e la differenza che sono e che ancora non hanno riconosciuto, che è la loro capacità di cambiare il mondo.

Ho sempre saputo che è possibile un modo diverso di facilitare il cambiamento. Ho creato Psicologia Pragmatica cosicché le persone potessero iniziare a riconoscere chi sono realmente e accendere le luci della consapevolezza.

Psicologia Pragmatica fornisce gli strumenti, le informazioni e l'espansione della tua consapevolezza e queste cose ti permettono di riconoscere il tuo sapere, ricevere ogni cosa senza giudizio e cambiare tutto ciò che desideri cambiare.

La psicologia era l'arte del sapere. Più tardi divenne lo studio del comportamento e del pensiero. E se potessimo creare la psicologia per potenziarti a riconoscere il tuo sapere?

Psicologia Pragmatica porta la psicologia fuori dalla polarità di questa realtà, dove tutto riguarda bene e male, giusto e sbagliato, fare la cosa giusta, prendere la giusta decisione, vincere o non perdere. La psicologia, nel senso tradizionale, riguarda l'adattarsi e calzare il più possibile in questa realtà. Pone le linee guida per quello che è sano e ciò che è folle. Suppone che avere un problema psicologico sia giusto e "normale".

La maggior parte delle volte la psicologia non mette neanche in dubbio se davvero hai un problema oppure no. Piuttosto, riguarda scoprire cosa c'è di sbagliato, ritenendo che ci sia qualcosa di errato, e il perché quella cosa è sbagliata, cercando prove che lo confermino.

D'altro canto, Psicologia Pragmatica ti invita a interrogarti, ad avere scelta, possibilità e a incoraggiare il contributo. Ti invita in uno spazio nel quale ti allontani dall'erroneità di te e accedi a dove sai di avere scelta, dove fai le domande che creano possibilità più grandi per te e per la tua vita, e dove tu contribuisci alla creazione di quello che davvero desideri. Facendo domande vai oltre alle risposte e alle conclusioni, verso la consapevolezza di cosa è realmente possibile per te.

I problemi e le difficoltà si creano solo quando non siamo disposti ad essere consapevoli e a vedere le cose per come sono. Ogni volta che diminuiamo la nostra consapevolezza e non siamo disposti ad essere consapevoli, creiamo problemi. È un po' come cercare di vestirsi al buio. Una volta alla luce, scoprirai che stai indossando qualcosa che potrebbe non essere quello che avevi sperato.

Molte volte quello che succede realmente alle persone è troppo strano per questa realtà, il che fa sì che la maggior parte di esse rimanga nella 'zona' della normalità, in cui si arriva ad avere una risposta sul perché non si riesce a cambiare quel problema, o semplicemente si giunge alla conclusione che la persona è troppo malata per essere curata. Schizofrenia e autismo ne sono degli esempi. Molti esperti davvero non sanno, o non vogliono neanche sapere, cosa sta veramente accadendo alle persone con queste malattie, perché quello che sta realmente avvenendo va oltre la "normalità" di questa realtà. Ho incontrato pazienti con psicosi e schizofrenia e quando abbiamo esplorato quello che davvero stava succedendo, le loro vite sono cambiate e non sono più rientrati nella diagnosi classica, sebbene tutto questo non si adeguasse a nessun modello esplicativo impiegato in psicologia.

Se vuoi sapere cos'è, si tratta della consapevolezza. È accendere le luci per vedere cos'è. Quando accendi le luci vedi tutto. Non hai più bisogno di pestare un vetro rotto sul pavimento della tua vita e puoi vedere dov'è l'erba su cui è nutriente camminare. Per espandere la tua consapevolezza su quello che sta veramente succedendo, serve fare domande, non giungere a conclusioni, e serve fidarsi del proprio sapere. È come essere un investigatore. Quello che scopri va molto oltre quello che questa realtà crede possibile.

La psicologia, originariamente, doveva essere uno strumento per liberarsi dell'ego, ma si tratta di una definizione non corretta di ciò che è. L'ego è reale o una creazione? L'ego è un concetto creato dalla mente. Le persone cercano di disfarsi di qualcosa che è un'invenzione. Come qualsiasi altro problema. Quindi stanno cercando di liberarsi della loro mente usando la loro mente, che è proprio quella cosa che crea il problema. Quanto funziona bene tutto questo? Di quante cose che non sono nemmeno reali stai cercando di sbarazzarti quando tutto quello che fai è andare sempre più avanti nella tana del coniglio e dentro la tua stessa invenzione?

E se la psicologia riguardasse l'essere tanto consapevole quanto realmente sei? La consapevolezza è molto pragmatica.

Ti dà le informazioni che richiedi per creare quello che desideri davvero.

*"La consapevolezza include tutto e non giudica nulla."*
*~ Gary M. Douglas*

Psicologia Pragmatica riguarda il fare domande per scoprire quello che è, rispetto a quello che la mente *pensa* che stia succedendo. Riguarda esplorare chi sei, di cosa sei capace e cosa è davvero possibile per te.

La consapevolezza sblocca il trauma e il dramma della vita.

È ora il momento per te di passare da drammatico a pragmatico?

Sei pronto per l'avventura?

CAPITOLO TRE

# CAMBIARE PUÒ ESSERE FACILE E VELOCE – NON SOLO PER GLI AMERICANI

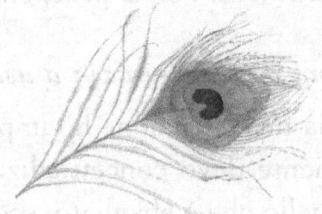

Crescendo impariamo che il cambiamento è lungo e faticoso. Facile e veloce non è possibile: pare che sia una fantasia. Gli europei dicono che "facile e veloce" è "così Americano". È un luogo comune europeo pensare che gli americani facciano tutto in modo veloce e facile, come il fast food.

La maggior parte delle persone è orgogliosa di lavorare duramente per qualcosa, perché se è facile e veloce non è reale, non è di valore e può essere solo superficiale. Specialmente in quanto psicologo, ti vengono insegnati tutti i modi per creare un cambiamento per le persone, su come tale cambiamento debba essere fatto e che ci vogliono, decisamente, tempo e sforzo.

Il punto di vista principale in psicologia è che abbiamo bisogno di rendere le cose migliori per i pazienti. L'obiettivo è portare le persone a sentirsi meglio, farli andare oltre i loro problemi e farli adattare e diventare così dei membri funzionali nella società. Esiste un determinato standard per quello che è giusto e quello che è sbagliato. Quello che è sano di mente e quello che è folle. Avere degli standard significa mantenere lo status quo, il che significa non cambiare le cose e lasciarle come sono sempre state: questo è quello che mantiene il mondo nello stesso circolo vizioso, ancora e ancora, senza creare nulla di diverso. Si stanno cambiando alcune cose, ma non si sta creando nulla di diverso. Si sopravvive, non si prospera.

## *Uguale, uguale ma diverso – inizia a usare il tuo GPS*

Nel corso della mia istruzione ho imparato che quando lavoro con un cliente devo concettualizzare qual è il problema, trovare quello che è sbagliato, scoprire la causa del problema, e poi aiutarlo a cambiare il suo modo di pensare e di comportarsi. Ogni volta che facevo così, i miei clienti scovavano altre cose erronee in loro e anche il motivo per cui erano sbagliati. Non sarebbe mai finita. È come un'idra: tagli una testa e ne escono fuori altre dieci più orrende. Non cambiava mai niente. Io e i miei clienti ci sentivamo solo sempre peggio, come dei falliti, perché non stavamo andando da nessuna parte. Eravamo intrappolati nella matrice di questa realtà, rendendo reali tutte le pazzie, e le facevamo diventare ancora più concrete cercando di capirle. Questo non creava mai niente di diverso. Alimentava sempre gli stessi problemi.

Creare qualcosa di diverso non significa cercare quello che è sbagliato in te, scavare a fondo nell'erroneità e trovare la causa dei tuoi problemi. Quante volte ha funzionato per te e ha creato davvero qualcosa di più grande per te e per la tua vita? O ti sei solo sentito ancora più incompiuto e pesante?

Osservare quello che è sbagliato e cercare di aggiustarlo, richiede che giudichi te stesso e la situazione, come se questo fosse quello che ci vuole per liberartene. I giudizi creano solo altri giudizi, e tutto quello che fai è andare ancora più in profondità e più avanti nel giudizio. Le persone credono che questo sia il modo di creare. No! Il giudizio mantiene gli stessi vecchi problemi.

Per esempio, nelle relazioni le persone giudicano se i loro compagni hanno fatto quello che si aspettavano che facessero, così da poter giungere alla conclusione e capire se la loro relazione sia buona o scadente: "Mi ha portato fiori questa settimana? Ha tirato giù l'asse del gabinetto?" Giudicano se i loro bambini si stanno comportando come dovrebbero. Le persone pensano che giudicare sia il mezzo col quale possono far diventare le cose come vogliono che siano. Peccato che non funzioni mai. Tutto quello che il giudizio fa, è creare frustrazione.

Concludendo e giudicando che c'è qualcosa di sbagliato, nulla di più grandioso può giungere alla tua consapevolezza, ma arriverà solo quello che si accorda con l'erroneità che hai deciso sia reale.

Per invitare te stesso a qualcosa di diverso chiediti:

*Cos'è giusto di me che non sto cogliendo?*

Questa domanda ti porterà fuori dal pilota automatico dell'erroneità e inizierà ad aprire le porte affinché tu riceva te stesso.

Molte volte ho incontrato clienti che iniziavano a riconoscere la loro grandezza durante le nostre sessioni, e poi avevano un appuntamento dal dottore e si sentivano di nuovo male con se stessi. Perché? Perché il dottore li guardava attraverso gli occhi del "qui abbiamo qualcuno con un problema", e l'attenzione era rivolta alla convinzione che ci fosse qualcosa di errato.

Quello che ne ricavavano era che si sentivano ancora più sbagliati perché credevano che il dottore avesse ragione. Quando ho chiesto loro di ricevere il regalo di questa esperienza, sono diventati consapevoli che quello che dice il dottore non è nient'altro che il suo punto di vista, che non è reale. Hanno scoperto che nessuno (dottore o altro esperto) sa meglio di loro quello che sta davvero succedendo. Hanno imparato a fidarsi di loro stessi. Questo è esattamente ciò che inizia ad aprire le porte a qualcosa di più grande: tu che esci dal giudizio e inizi a fidarti della tua consapevolezza.

La tua consapevolezza è una delle cose più preziose che hai. Ti dice che cosa renderà la tua vita più facile e più grande. È il GPS—il Sistema di Possibilità Globale—che magari non hai ancora iniziato ad usare. È così facile. Inizia a fidarti del fatto che "quello che è leggero per te, è giusto" e muoviti in quella direzione, verso Via Facile. Quando le cose diventano pesanti e scure sai che devi cambiare direzione verso qualcosa di leggero. Accendi il tuo GPS!

Questo è un paradigma totalmente diverso di creare cambiamento ed essere nel mondo. Datti un po' di tempo per aprirti a questo nuovo modo di essere. Non molte persone attorno a te sanno tutto questo, per ora; rendono ancora reali e importanti i problemi, i giudizi, i pensieri e le emozioni. E se non lo fossero?

Tu non sei i tuoi problemi, i tuoi pensieri o le tue emozioni. Sei molto più di questo. Non devi capire perché hai problemi, o cosa li causa. "Cosa?!?!" potresti dire. Sì. Tu sai quello che è possibile. E che cos'è? È la tua scelta di non rendere più reali i punti di vista e i giudizi degli altri, e scoprire quello che è vero per te. Come? Ora te lo dico.

Lasciar andare il valore del dramma e del trauma permette a chi sei realmente e a quello che davvero ti piacerebbe creare, di realizzarsi nella tua realtà, in modo molto più facile e veloce di quanto tu possa immaginare. La maggior parte delle persone ama il dramma e il trauma. È la soap opera che rende la loro vita interessante. La maggior parte della gente preferirebbe mantenere il loro trauma e dramma, piuttosto che essere libera.

Permettendoti di essere libero, diventi te stesso. Quello che sento dire ai clienti è: "Tutta la mia vita è cambiata così tanto. Non sono più l'effetto delle altre persone, né dei giudizi, e del come si suppone che le cose debbano essere. Nella mia realtà c'è un senso di pace e di gioia incredibile. Esco nel mondo e ricevo tutto e permetto a tutto, al buono e al cattivo, di contribuire a me, al mio corpo e alla mia vita".

Sapevi che perfino quando le persone sono arrabbiate con te, possono esserti di contributo? Come? Se abbassi tutte le barriere, ricevi quello che hanno da dire, lo lasci passare attraverso di te, e non hai alcun punto di vista sul fatto che può ferirti o avere effetto su di te. Le persone che sono arrabbiate emettono un sacco di energia. Se non vedi questo come negativo, puoi ricevere l'energia come rivitalizzante, semplicemente abbassando le tue barriere. Provaci. È divertente. E, se hai questo punto di vista, non rimarranno arrabbiati per molto.

Sì, questo è nuovo e diverso. E se non ci fosse niente di sbagliato nel nuovo e nel diverso?

Anche se nessuno che conosci ha questa prospettiva, se è leggero ed espansivo per te, perché non dovresti sceglierlo? Solo perché nessun altro che conosci lo sta facendo? Sei disposto ad essere il leader della tua vita? La cosa peggiore che può succedere è che tu inizi ad essere felice, e che potresti essere l'unica persona felice nel tuo isolato. E, ancora peggio, che tu sia l'invito per altri a questa possibilità.

### La reazione 'trance dance'

Quanta della tua vita è basata sui punti di vista degli altri, oltre ai quali hai deciso di non poter andare? In questa realtà abbiamo imparato a reagire in certi modi a certe situazioni. Quando perdi qualcuno, si suppone che la tua reazione debba essere tristezza. Quando il tuo ragazzo incontra la sua ex, si suppone che tu sia turbata. Quando sei nel traffico si suppone che tu ti stressi o ti arrabbi. Esistono alcuni meccanismi dai quali abbiamo imparato che è normale funzionare. Questo è agire dal pilota automatico chiamato "questa realtà". La reazione non ti dà mai scelta. Cerchi sempre il modo giusto di comportarti, adattarti ed essere normale.

Rabbia, tristezza, paura, dolore… . Tutto questo è reale o è un'invenzione? Quello che li rende reali è il fatto che tu, per primo, li rendi veri, perché tutti quanti fanno così. Ti sei mai trovato in una situazione estrema? Per esempio, perdi qualcuno che ti era molto vicino e nel momento in cui ricevi la notizia non hai alcuna reazione; poi inizi a pensare a quale sarebbe la reazione appropriata, il calcolo avviene in una frazione di secondo, e ti catapulti negli universi delle altre persone per comprendere cosa è giusto fare in questa situazione e qual è la maniera appropriata di reagire.

Qualche settimana fa il mio gatto è morto. Mi era molto, molto caro, ed era stato con me per molti anni. Quando è morto non ho avuto nessuna reazione. Ero totalmente in pace. Nessuna tristezza, nessun sentimento, nessuna emozione. Dopo un paio di minuti il mio cervello ha cercato di elaborare l'intera situazione e ha provato a fare quello che è giusto, cioè esser triste e piangere. Così ho pianto per un po' e poi ho chiesto: "Cos'è questa cosa che chiamo tristezza? È la tristezza di questa realtà o qualcos'altro?". Dal momento che "qualcos'altro" aveva rilassato me e il mio corpo, sapevo di essere sulla pista giusta. Le cose si sono alleggerite immediatamente, ero di nuovo in pace e ho iniziato a ridere. Sapevo che quello che avevo frainteso come tristezza era in realtà gioia e gratitudine per il mio gatto. Come sono diventata così fortunata ad aver avuto così tanti momenti meravigliosi con lui?

La dipartita del mio gatto avrebbe dovuto essere qualcosa che causava tristezza e dolore. Questa sarebbe stata la "giusta" reazione. Essere affranta avrebbe dimostrato quanto mi importava del mio gatto. Non essere triste quando qualcuno muore viene giudicato come essere freddi e non premurosi, oppure come una reazione soppressa e non salutare, che è semplicemente un altro modo di dire che è sbagliato.

Quante volte hai sentito dire: "Non hai nessun sentimento", intendendo "sei freddo e cattivo?" I sentimenti sono qualcosa che viene usato per dimostrare che c'è una connessione. Scoprendo cosa stava davvero succedendo (non ero triste per niente quando il mio gatto è morto; provavo gratitudine nei suoi confronti), ho riconosciuto la fantastica connessione che avevamo io e il mio gatto, e non c'era più nessun bisogno di dimostrare alcunché con i sentimenti. Ero totalmente consapevole e stavo ricevendo il contributo che il mio gatto era per me, e viceversa.

Pensieri, sentimenti ed emozioni sono invenzioni che le persone creano per rendere se stessi "reali" e giusti in questa realtà, per adattarsi e per dimostrare che ci tengono. E se non dovessi più renderti "reale", conformarti, o dimostrare nulla, ma semplicemente sapessi quale fantastico regalo sei?

E se provassi un approccio differente?

### Smetti di cedere il tuo potere a qualcun altro o a qualcos'altro

Hai presente le vocine che ti dicono che hai un problema e che non ne uscirai mai? Ogni volta che cerchi di rendere logici i tuoi problemi e di trovar loro una ragione, rendi tutte quelle voci reali. Dai loro il potere, al posto di reclamarlo per te. Fai sì che queste voci siano più forti e più di valore rispetto a te. Sono solo voci, pensieri e sentimenti: come potrebbero essere anche lontanamente più grandi di te? Rendere tutto questo più grande di te mantiene lo status quo della tua situazione e non permette alcun cambiamento. Getti via tutte le tue capacità e la tua potenza di cambiare quello che sta succedendo. Rendi te stesso l'effetto di tutto quello che definisci reale.

Tutti quei pensieri nella tua testa che ti dicono che non sei abbastanza bravo, che sei cattivo, brutto e che non sai che cosa fare, o dove andare, o come risolvere i tuoi problemi, sono invenzioni della tua mente. Sono reali solo se li rendi tali. Come puoi sbarazzartene? Questa è la parte che diventa pragmatica!

Per sbarazzarti di tutte quelle voci che ti dicono quanto sei terribile e sbagliato, puoi ripetere questa frase circa dieci volte, ogni volta che un pensiero come quelli ti viene a sussurrare all'orecchio. Dì semplicemente:

*Tornate da dove siete venuti, non tornate mai più da me o in questa realtà.*

Con questa frase mandi via tutte quelle voci che ti fanno sentire male, debole, patetico e ti dicono che non hai scelta. Ti fa assumere il comando della tua via ed esigere che tutto quello che ti limita vada via.

So che sembra strano, ma funziona davvero. (Tra l'altro, sai cosa significa "strano"? Significa "di spirito, del fato e del destino." Adesso suona più divertente essere strani, no?)

Le persone che pensano di avere problemi si mettono nel sedile del passeggero delle loro vite. Esigere il cambiamento ti fa agire per creare quello che davvero desideri. La frase che ho condiviso qui sopra è progettata per mandar via tutto quello che ti dice che sei una vittima, che non hai scelta e che il tuo posto è il sedile del passeggero, non al comando della tua vita.

Prova, cos'hai da perdere? Prova adesso! Usa questa frase e dilla a tutto quello che ti sussurra all'orecchio che sei debole, che non hai una possibilità, che non sarai mai in grado di ottenere quello che desideri davvero, e che dire questa frase non ti aiuterà.

E se fossi molto più potente di quanto hai mai riconosciuto? Questo ti fa sentire più leggero? Quello che è leggero è vero per te!

Chi o cosa rendi più potente di te stesso?

Lavoravo con un giovane uomo con ADD (Disturbo da Deficit d'Attenzione) e OCD (Disturbo Ossessivo-Compulsivo) e che era sotto farmaci quando ci siamo incontrati per la prima volta. Mi disse che il suo dottore gli aveva detto che aveva bisogno della cura per essere funzionale, altrimenti la sua "malattia" avrebbe preso il sopravvento e rovinato la sua vita. L'ho ascoltato e gli ho chiesto se questo era anche il suo punto di vista. Gli ho domandato che cosa sapeva. Una settimana dopo è tornato sorridendo con gli occhi che brillavano e mi ha detto di aver "mollato" le sue pillole.

"Como possono quelle piccole cose essere più potenti di me?" disse. "Mi ero bevuto la stronzata di averne bisogno." Non ha più preso farmaci da allora e non ha alcun problema relativo a ADD e OCD. Era disposto a ricevere una prospettiva diversa e gli strumenti per usare sia l'ADD che l'OCD a suo vantaggio.

Questo non è per dire che dovresti buttare via tutte le tue medicine. È un invito per te a fare domande.

Che cosa sai?

Che cosa sa il tuo corpo?

## *"Corpo: richiedi veramente quelle pillole?"*

Molte persone non chiedono mai ai loro corpi che cosa richiedono veramente. Pensano che il dottore ne sappia più di loro, così prendono dei farmaci. Il dottore prescrive le medicine basandosi sull'informazione generale di come funziona il farmaco, e non in base a come funziona il tuo corpo. Il tuo corpo sa che cosa desidera. È l'esperto di se stesso. Puoi usare il test muscolare per scoprire cosa chiede il tuo corpo.

Ecco come fare il test muscolare: stai dritto in piedi, con i piedi uniti, metti le pillole davanti al tuo plesso solare e chiedi al tuo corpo se vuole le pillole adesso. Se il corpo si inclina verso le pillole, è un sì. Se si allontana dalle pillole, cioè va indietro, è un no. Se si sposta di lato, hai bisogno di fare altre domande più specifiche: "Corpo richiedi mezza pillola adesso? Vuoi una pillola ora? O più tardi? Vuoi avere la pillola vicino al letto mentre dormi?" Semplicemente continua a chiedere finché ricevi la consapevolezza di quello che il tuo corpo esige. Più chiedi, più migliorerai a ricevere la consapevolezza. Gioca con questo! Puoi fare lo stesso con cibo e bevande.

### Fidati del tuo sapere

Non manchi di fiducia in te stesso: quello di cui sei carente è fidarti di ciò che sai. Sei l'unica persona che sa quello che è vero per te. Una volta che inizi a riconoscere e a fidarti di questo non avrai più problemi.

Questo è tutto quello che ci vuole. Inizia oggi. Scegli quello che fa rilassare te e il tuo corpo, quello che ti fa sentire leggero, ciò che sai che è giusto ed espande il tuo mondo, e onorati abbastanza da fare quella scelta, anche se le persone attorno a te dissentono. Che cosa stai aspettando? Non è già da troppo tempo che hai reso i punti di vista degli altri più preziosi di quello che sai tu? Cosa potresti scegliere subito, proprio ora, che espanda la tua realtà? Una camminata? Un buon pasto? Chiamare una persona amorevole? Giocare con un cane? Coccolarsi con un gatto? Lasciar andare l'erroneità di te e rimanere determinato sul fatto che la tua vita cambi, costi quel che costi?

Che cos'è nella tua realtà che ti dà un senso di te? Scrivi una lista e fai almeno qualcuna di queste cose ogni giorno. E se tu fossi la priorità numero uno nella tua vita?

Ci sono molte persone che dicono di desiderare una vita migliore, e a cui piacerebbe risolvere i propri problemi, se non fosse per il fatto che molti di loro mentono. Non hanno alcun interesse a superare niente. In realtà si godono le proprie sofferenze. Mi ci è voluto un po' per rendermene conto. Avevo l'illusione che quando qualcuno mi diceva che desiderava cambiare, lo intendesse per davvero. Ragazzi se mi sbagliavo! Ho dovuto scoprire a mie spese che dovevo fare una domanda prima di ogni sessione: "Verità, questa persona desidera realmente cambiare?".

"Verità, sono interessati a una possibilità diversa? E la riceveranno?" Dico "verità" prima di ogni domanda, perché mi permette di sapere se la persona sta mentendo o no.

Per rinunciare alla propria "pazzia", che è ciò che le persone usano per definire e limitare se stesse, ci vuole un sacco di coraggio. Molte persone manterrebbero più volentieri la loro "follia" dal momento che li fa sentire connessi a questa realtà. Essere "pazzi" ti mantiene nella "scala della normalità". Rinunciare a questo ti permette di essere totalmente fuori "scala", per essere l'anormale totale o "stravagante" che in realtà sei, fuori dai confini dello status quo.

### *Problemi: semplicemente una questione di scelta*

Fare la domanda per essere consapevole se i miei clienti desiderano davvero una vita più grandiosa, mi ha permesso di vedere che molte persone si godono i loro problemi e la loro "pazzia". A loro funziona. È quello che pensano di essere e il modo in cui fanno funzionare le loro vite. Sono funzionali con la loro depressione e le loro ansie. Una volta che non ho più avuto alcun giudizio su questo, e non ho forzato il cambiamento nei miei clienti, il mio lavoro è diventato molto più facile e i miei clienti hanno avuto la scelta di cambiare o meno.

Molti di loro sono diventati consapevoli del fatto che non avevano alcun desiderio di superare la loro depressione. Si sono permessi di ricevere questa consapevolezza e hanno imparato a non giudicare la loro scelta. Questo ha creato un'altra possibilità: ha piantato un seme che potrebbe crescere e diventare una realtà più grandiosa, se lo scelgono. Diventare consapevoli della scelta di non cambiare ed essere depressi, è un regalo incredibile. Non c'è niente di sbagliato in questo. È solo una scelta. Chiedi a te stesso:

*Verità, desidero davvero risolvere i miei problemi?*

Di cosa sei diventato consapevole facendo questa domanda? Usiamo questa consapevolezza e facciamo più domande.

Se divieni consapevole che fino ad ora non desideravi davvero cambiare i tuoi problemi, chiedi:

*Qual è il valore di tenermi stretto i miei problemi?*

È quello che ti assicura di avere persone che ti supportano? Ti garantisce di avere qualcosa da fare e che non sarai più di quanto hai deciso di poter essere? Limitare la tua consapevolezza, così da non ricevere quello che sai e quello di cui sei realmente capace? Così da non sentirti troppo diverso? Cosicché la tua vita non diventi troppo facile? Per essere sicuro di non essere troppo potente?

Che cos'è per te? Qualsiasi cosa che ti faccia sorridere o ridere, renda il tuo corpo rilassato, o la tua realtà più leggera, è un suggerimento per riconoscere quello che è vero per te.

Una volta che ti rendi conto che c'è un qualche valore nel mantenere i tuoi problemi, puoi guardarli senza più un punto di vista e senza più giudizi. E se non ci fosse niente di sbagliato nello scoprire che mantenere i tuoi problemi ha un valore per te?!? Forse potresti iniziare a ridere del fatto che hai reso tutto questo più di valore rispetto ad essere te stesso. Non siamo divertenti? Rendiamo tutta questa merda più reale di chi siamo veramente. La nostra specie non è la più brillante, eppure pensiamo di essere così intelligenti.

### Chiedere cambiamento

Quando le persone richiedono un cambiamento personale, di solito lo chiedono partendo da un punto di vista negativo. Delle cose sono "brutte" e desiderano qualcosa di "bello". Vanno da una polarità (quella brutta) all'opposta (quella bella). Entrambe hanno una carica. Una ha una carica negativa e l'altra ha una carica positiva. La cosa che la maggior parte delle persone non capisce è che vanno da un polo all'altro, come un pendolo, avanti e indietro, cambiando da felice a triste, avanti e indietro, ma così non viene creato nulla di diverso.

Al posto di chiedere cambiamento, chiedi che quello che non funziona nella tua vita si dissipi, in modo che qualcosa di diverso possa mostrarsi. Di solito le persone chiedono qualcosa di positivo quando si sentono male. Questo è semplicemente mantenerti nella polarità, il che non crea mai niente di diverso. Potresti essere in una modalità positiva per un po', e sentirti bene, e avere sempre la "paura" di finire di nuovo nella modalità negativa, come se non avessi controllo su questo. Quando ti senti bene, hai mai avuto una vocina assillante che costantemente ti dice che non durerà a lungo? Questo è esattamente quello che succede quando ti trovi nella polarità di buono e cattivo. È come giocare a tennis, avanti e indietro. E se fossi uno spazio libero, in cui qualcosa di totalmente diverso può accedere al tuo mondo? Sì, è possibile. Continua a leggere.

### La magia delle domande. Ti piacerebbe un po' di cambiamento adesso?

Ecco qui delle domande che puoi usare giornalmente per creare un'esistenza più grande: "Cos'altro è possibile che generi e crei una realtà totalmente diversa per me?

Come può essere ancora meglio di così?" Puoi fare queste domande ogni volta che stai cercando qualcosa di meglio. Non appena trovi 10 euro per terra puoi domandare: "Come può essere ancora meglio di così?" Quando litighi con un amico, puoi chiedere: "Come può essere ancora meglio di così?" Ogni volta che chiedi, continui a creare di più invece di rassegnarti.

Con una domanda puoi aprire la porta affinché l'intero universo ti contribuisca, molto oltre quello che puoi immaginare. Le domande sono l'incantesimo magico che ti porta fuori da quello che non funziona, ovvero da tutte le conclusioni e giudizi, verso quello che realmente funziona. Ogni conclusione è dove hai deciso che c'è un problema: quando continui a percorrere quella medesima strada, niente cambierà.

Ad esempio, se dici di avere problemi di denaro e che non hai soldi, hai creato una conclusione, una risposta che ti dice che hai problemi di soldi. È come camminare nel mondo con i paraocchi, riuscendo solo a vedere ciò che hai davanti, lungo la strada chiamata Strada del Problema.

Ho un'amica che mi aveva detto di avere problemi di soldi e che non poteva quasi più permettersi l'affitto. Era molto preoccupata. "Non ho soldi" era stata una risposta con la quale aveva convissuto per molto tempo. Le chiesi: "Allora, cos'altro è possibile per te adesso? Cosa puoi essere o fare diversamente per cambiare questo?" Mi disse: "Strano; quando mi chiedi questo, mi fa sentire più leggera e so che c'è qualcosa, anche se non riesco a mettere in parole che cos'è."

Il giorno dopo mi raccontò che aveva continuato a fare quella domanda e aveva improvvisamente ricordato di avere un vecchio reclamo assicurativo di cui non aveva ancora riscosso il denaro. Chiamò la compagnia e scoprì che poteva riscuotere i soldi, una grande somma.

Fare domande ti permette di conoscere quello che non sai, quando sei intrappolato dalle conclusioni e dai giudizi che qualcosa è sbagliato.

Quando decidi che qualcosa o qualcuno è perfetto, anche questo è un giudizio e una risposta che ti intrappola. È la risposta che ti impedisce di accedere ad altro. Le persone dicono: "Questo è l'uomo perfetto, questo è il lavoro perfetto... ". Quando hai questo punto di vista non riceverai l'informazione nel caso in cui questa persona non sia così perfetta, o quando stare con lei, in realtà, rende la tua vita più piccola. Ti porta fuori dalla consapevolezza e ti rende la vittima di tutto quello che non sei disposto a sapere.

Le persone si domandano perché, di colpo, non ci si senta più tanto bene a stare con la persona con la quale era tutto così perfetto. Chiedere ogni giorno: "Che cosa è possibile oggi con questa persona, lavoro... che espanda la mia vita?" ti darà l'informazione che richiedi per creare ciò che realmente desideri.

**Fai domande! Andare oltre alla malattia mentale e scoprire quello che è vero**

Tutto quello che devi fare è chiedere e ricevere. Non appena non rendi più rilevanti e significativi i tuoi problemi, pensieri e sentimenti, e inizi a far domande, puoi ricevere quello che è davvero possibile.

Ora ti chiedo: tristezza, depressione e ansia sono reali o sono invenzioni che la gente crea? Solo perché le senti non significa che siano concreti. Le persone pensano che quello che percepiscono sia vero. Tu non sei i tuoi sentimenti. I sentimenti sono come il tempo atmosferico. Un albero confonderebbe se stesso con la pioggia? No! Sa che è solo pioggia, qualcosa che cambia e passerà.

Saresti disposto a lasciar andare l'idea che tutto quello che senti debba automaticamente essere reale? Dire: "Mi sento male o depresso" è un'affermazione che ti blocca con sentimenti negativi e depressione. Nient'altro che non si allinei a questa affermazione può entrare nel tuo universo. È come un muro che tiene fuori le possibilità che potrebbero cambiare l'intera situazione in qualcosa di diverso, con facilità. Hai già deciso di essere triste. Questa risposta ti fa sentire più leggero? E se facessi domande come:

*Che cos'è questo?*

*Cosa me ne faccio?*

*Posso cambiarlo?*

*Come posso cambiarlo?*

Nel decidere che sei depresso stai bevendo una bugia. Una bugia è una bugia e non può essere cambiata. Le domande qui sopra possono cambiare tutta la tua vita. Sei disposto?

Fare queste domande ti apre la porta per diventare cosciente di quello di cui sei consapevole, invece di berti la risposta che c'è qualcosa di sbagliato. Quando fai queste domande non stai cercando una risposta. È come nell'esempio di prima della mia amica: ha chiesto e a quel punto è diventata consapevole che c'era una possibilità diversa, anche se non sapeva descriverla a parole. Successivamente ha ricevuto l'informazione su che cos'era. Chiedi e percepisci i sussurri delle possibilità che ti rendono più leggero, e permetti che si mostrino quando si mostrano, quand'è il momento.

Sei disposto ad avere una prospettiva diversa e iniziare a fare una domanda non appena ti "senti" triste, depresso o qualsiasi altra cosa che sia "pesante"? Sei disposto a rinunciare a tutte le tue conclusioni e risposte su quanto sei sbagliato, mediocre e triste, e chiederti di che cosa sei consapevole che non hai mai riconosciuto?

Quanta della tua tristezza, depressione e paura è una copertura della potenza che sei realmente? Quante delle tue capacità e della tua potenza di cambiare stai nascondendo sotto tutte le bugie che hai bevuto su te stesso? Il tuo universo si alleggerisce quando leggi questo? Potresti voler osservare queste cose e chiederti se sono vere per te.

Ho un amico che ha sofferto di emicrania per più di dieci anni. Ha provato tutti i tipi di metodi conosciuti dall'umanità per cambiare l'emicrania e niente ha funzionato. Mi aveva raccontato delle sue emicranie molte volte, e un giorno ha fatto una domanda al riguardo. Prima di allora mi aveva semplicemente raccontato la sua storia e quanto fosse terribile avere delle emicranie così dolorose.

Il giorno che ha fatto una domanda è diventato consapevole per la prima volta di una possibilità di cambiamento nel suo universo. Ha preteso qualcosa di diverso e la domanda che ha iniziato a fare è stata l'apertura della porta. Ha chiesto: "Che cos'è questa cosa che chiamo emicrania? La posso cambiare?"

Gli ho domandato: "Verità, desideri realmente cambiarla?" Mi ha guardato e mi ha detto: "Certo che sì, è così doloroso, mi vorrei quasi ammazzare perché non posso più sopportare il dolore. Ho provato di tutto e non ha funzionato." Ho detto: "Sì, questa è la risposta logica. Al posto di dire quello che pensi, dimmi, che cos'è che sai? Verità, desideri davvero guarire dalle tue emicranie?" Mi ha guardato e ha detto: "No" e ha cominciato a sorridere e il suo corpo si è rilassato.

Era così sorpreso da questa consapevolezza, e sapeva che era vera dal momento che creava leggerezza e facilità nel suo mondo e nel suo corpo. Così gli ho chiesto: "Cosa sono le emicranie? Quello che tu chiami emicranie, sono davvero emicranie o è qualcos'altro?" "Qualcos'altro" lo ha fatto sentire più leggero. Così ho domandato: "Che cos'è?" Ha cominciato a ridere e gli ho chiesto: "Quello che tu chiami emicranie sono in realtà orgasmi? Hai confuso e mal-identificato il dolore con l'orgasmo e l'orgasmo con il dolore?" Mi ha guardato con gli occhi spalancati e ha cominciato a ridere e ridere e ridere. Potevo percepire come il suo mondo stava cambiando. Diventava consapevole di quello che era vero. La consapevolezza ti fa sentire più leggero.

La risposta non era a livello cognitivo, o un'interpretazione, o un'analisi. Era un riconoscimento di quello che davvero stava succedendo e di quello che era vero per lui. Lo ha portato fuori dall'essere una vittima e dentro all'essere potenziato a riconoscere il suo sapere. Era basata su quello che creava più leggerezza nel suo mondo e nel suo corpo.

È divenuto consapevole di quanta gioia stava sopprimendo e bloccando nel suo corpo con il dolore e la sofferenza. Ha ricordato di quand'era incominciata l'emicrania, ovvero quando la sua famiglia aveva ottenuto un permesso di residenza in Svezia, dopo averlo aspettato per molto tempo. È diventato consapevole del fatto che si sforzava duramente di essere come gli Svedesi e di adattarsi, controllandosi per non essere "troppo", e di quanto aveva tagliato via e soppresso chi era davvero, così da non essere l'essere gioioso e "orgasmico" che è in realtà.

Quanta intensità di te, dell'essere e del vivere stai nascondendo con la depressione, la tristezza, la rabbia, la paura, il dolore o qualsiasi cosa dici di non poter cambiare come i problemi di soldi, di relazione e del corpo? E se potessi scoprire le possibilità sotto tutte le bugie che hai bevuto su te stesso, e usare le tue capacità per te e per la creazione della tua realtà?

E se fosse più facile e più veloce di quanto puoi immaginare?

Ecco che arriva. Ecco che *TU* arrivi.

## Capitolo Quattro

## La Frase di Pulizia di Access Consciousness® — Essere Harry Potter

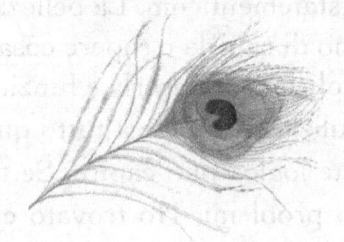

Pronto per altre stranezze? Ecco che arriva la tua bacchetta magica. Ti ho detto che il cambiamento può essere facile e veloce. Si chiama la frase di pulizia di Access Consciousness®:

*"Giusto e sbagliato, bene e male, pod e poc, tutti e nove, shorts, boys e beyonds.™"*

La frase di pulizia è progettata per tornare al punto in cui hai creato le limitazioni che ti impediscono di andare avanti. Ti permette di ripulire, distruggere e screare le limitazioni, in modo da avere nuove possibilità a disposizione. Butta giù i muri contro i quali sbatti la testa ogni giorno (come se questa fosse l'unica scelta che hai): i muri che hai creato che ti impediscono di essere te stesso. Cambia il passato cosicché tu possa avere un futuro più grande.

Quando ho sentito la frase di pulizia per la prima volta, in quanto psicologa, la mia mente ha fortemente protestato: "Ho speso sei anni di studio diligente per capire il comportamento umano, e adesso mi danno questa frase di pulizia, dicendomi che posso cambiare le cose così facilmente?" Ero furiosa. Tuttavia so che ogni volta che uso la frase di pulizia, cambia qualcosa per me. Così dopo aver protestato un po', ho chiesto alla mia mente di farsi da parte e l'ho semplicemente usata. Cos'avevo da perdere? La mia mente? Sì! E la libertà che ne è derivata è incredibile.

Per scoprire di più su questo strumento fenomenale, visita www.theclearingstatement.com. La bellezza è che davvero non hai bisogno di capirla o sapere cosa significhino le parole. Puoi semplicemente usarla e funziona.

La frase di pulizia si rivolge a tutto quello che va oltre a ciò che la mente logica può capire. Se tutto fosse logico non ci sarebbero problemi. Ho trovato che parlare di un problema, cercare di capirlo e analizzarlo, ti porta solo dove la mente può andare, e non oltre. Questo non dissipa il problema. La frase di pulizia ti porta oltre, ripulendo tutto quello che è creato dalla mente, e tutto il resto che esiste oltre ai pensieri e ai sentimenti e che si trova a livello energetico.

### Come usare la frase di pulizia

Fai una domanda su un'area della tua vita che ti piacerebbe cambiare. Ad esempio, con la depressione potresti chiedere: "Qual è il valore di essere depresso?" Potrebbe portare a galla alcune idee su quale potrebbe essere il valore, e fa anche emergere un'energia. L'energia di qual è, per te, il valore di essere depresso. Non saresti depresso se non avesse alcun valore esserlo.

Nota che non è logico. Se lo fosse, avresti già trovato la soluzione e non avresti alcun problema.

Fare una domanda ti permette di accedere a quello che mantiene le limitazioni in funzione, oltre al tuo punto di vista logico. La frase di pulizia lavora sul tuo punto di vista logico (e su tutto quello che non è logico) per dissipare un problema.

Ho lavorato con una signora che è diventata consapevole che il valore di tenersi stretta la sua depressione era di poter trattenere suo marito. La depressione era come una colla per il loro matrimonio. Il suo punto di vista era: "Finché sono depressa, sono una vittima e lui deve prendersi cura di me. Una volta curata non gli piacerò più e se ne andrà. Ora che sono depressa non mi può lasciare perché si sentirebbe colpevole." Non era consapevole di questo punto di vista prima di aver fatto la domanda. Pensava di voler risolvere la sua depressione e si giudicava perché non riusciva a risolverla. La sua depressione aveva un gran valore, di cui è diventata consapevole.

Questo è un esempio della pazzia che la maggior parte delle persone usa per creare le loro vite. Tutti questi punti di vista, che le persone non sanno neanche di avere, stanno guidando le loro vite.

Quali punti di vista hai che stanno gestendo la tua vita e ti stanno mantenendo in una costante limitazione? Tutto quello che è, tutto quello che emerge nel tuo universo, tutto quanto (le cose alle quali riesci a dare un nome e le cose che vengono su energeticamente, alle quali non riesci a dare un nome), puoi permetterti di lasciarle andare e distruggere e screare tutto quanto? Devi solo dire "sì" se ti piacerebbe lasciar andare le limitazioni. E adesso, usiamo la frase di pulizia per dissipare, distruggere e screare le limitazioni.

*Giusto e sbagliato, bene e male, pod e poc, tutti e nove, shorts, boys e beyonds.*

La frase di pulizia ti ricorda della potenza che sei, e del fatto che hai quel che serve per cambiare tutto ciò che desideri mutare nella tua vita. Come? Scegliendolo. Dicendo sì, scegliendo di distruggerlo e screarlo, e aprendo la porta ad una possibilità più grande.

Facciamolo insieme.

*Qual è il valore di creare te stesso come meno di quanto realmente sei?*

*Tutto quello che è, lo distruggerai e screerai?*

*Sì? Grazie.*

*Giusto e sbagliato, bene e male, pod e poc, tutti e nove, shorts, boys e beyonds.*

Se crei problemi e limitazioni, quanto stai creando te stesso come meno di quanto sei realmente? Quanto di te devi tagliare via per creare te stesso tanto limitato quanto stai fingendo di essere? Un pochino, tanto o molto di più? Far scorrere questa pulizia ti permette di accedere a tutti i posti nei quali stai facendo questo nella tua vita. Non devi passare in rassegna ogni singola limitazione nella tua vita e ripulirla individualmente. La frase di pulizia è come un grande aspirapolvere che succhia via tutto quello che si frappone tra te e avere uno spazio pulito. Lo spazio che sei. Lo spazio che ti permette di scegliere la tua realtà.

Un altro modo di spiegare la frase di pulizia è con un castello di carte: se hai un problema, lo stai costruendo come un castello di carte. Ad un certo punto hai iniziato a creare il problema e ad ampliarlo con un altro strato in cima, e poi un altro, e un altro ancora. Potresti iniziare a esaminare il tuo problema guardando la carta in cima e andando giù, fino a che non raggiungi la base, per scoprire le ragioni dei tuoi problemi. Esaminare le motivazioni di un problema consiste in un sacco di lavoro che non ti porta da nessuna parte, se non ancora più in profondità nel problema. Non lo cambia.

A me piace "veloce" ed "efficiente". In quanto psicologa, non dovrei avere questo punto di vista. Si suppone che il mio lavoro sia quello di superare passo dopo passo i problemi dei miei clienti. Il lavoro non è mai stato il mio miglior talento e abilità. Mi piace giocare e mi diverto a cambiare le cose con facilità, e a creare diverse possibilità. La frase di pulizia è più il mio stile: veloce, facile e senza effetti collaterali.

L'unica cosa richiesta è la scelta. La scelta di lasciar andare le limitazioni che hai creato. Come può essere ancora meglio di così? Ti ricorda del fatto che sei tu quello che può cambiarlo, che hai tutto quello serve per farlo, e che lo puoi cambiare adesso. Ancora una volta:

*Qual è il valore di creare te stesso come meno di quanto realmente sei?*

*Tutto quello che è, lo distruggerai e screerai? Sì?*

*Giusto e sbagliato, bene e male, pod e poc, tutti e nove, shorts, boys e beyonds.*

Continua a far scorrere questo processo per aprire le porte ad essere più di Te.

La frase di pulizia ripulisce quello che usi per separarti da ciò che davvero è possibile per te. Ti porta fuori dalla tua mente e ti fa entrare nella domanda; domanda che apre nuove possibilità. La tua mente ti dà risposte che ti mantengono nella ruota del criceto della stessa vecchia cosa, ancora e ancora. Le limitazioni vengono mantenute da tutti i pensieri, i sentimenti, le emozioni, i calcoli, i giudizi e le conclusioni su quello che dovresti e non dovresti fare, su quello che è giusto e ciò che è sbagliato. Ti tengono in uno stato costante di pensare, e fare, e calcolare. Tutto questo ha una carica elettrica e ti mantiene nella polarità.

Essere oltre alla polarità ti permette di accedere allo spazio di te, dove arrivi a scegliere quello che ti piacerebbe creare come la tua vita, e che può essere diverso in ogni momento. Usare la frase di pulizia ti facilita ad accedere a tutto questo, mentre, nel contempo, dissipa la carica positiva e negativa in ogni area della tua vita.

Cos'altro è possibile? La domanda, scelta, possibilità e contributo che generano il movimento in avanti della tua vita. Quando fai le domande che aprono le porte alla grandezza, puoi andare oltre quello che sei mai riuscito a immaginare, e l'intero universo ti contribuisce.

Uso la frase di pulizia quando divento consapevole di una limitazione che sto scegliendo di lasciar andare, e la uso con i miei clienti.

## Capitolo Cinque

# Pensieri, Sentimenti ed Emozioni per Essere Normali

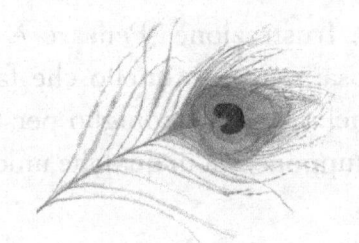

Il modo in cui le persone si definiscono, è attraverso chi pensano di essere, il che significa che definiscono se stessi e il loro mondo attraverso il pensare e il sentire. Pensare, sentire ed emozionarsi hanno un grande valore in questa realtà, specialmente in psicologia. Il punto di vista è che, per poter cambiare qualsiasi cosa, devi capire cosa sta succedendo (cioè pensare) e devi sentire e provare emozioni.

"Capire" (understanding, in inglese) significa stare (standing) sotto (under), che è esattamente quello che fai quando cerchi di capire (under-stand) qualcosa o qualcuno. Rendi te stesso "sotto-stante" la cosa o la persona, in modo da cercare di capire perché qualcosa o qualcuno è nel modo in cui è. Così facendo rendi te stesso meno, tagli via la tua consapevolezza e il tuo sapere per mettere quello che sta succedendo nella piccola scatola del pensare, in modo da poter capire.

La domanda è: qual è il valore di capire?

Risolve qualcosa? Cambia davvero qualcosa?

O semplicemente eserciti il tuo cervello, finché credi di essere giunto ad una qualche sorta di conclusione? Sai com'è quando stai cercando di capire qualcosa e pensi e pensi e tutto diventa solo sempre più pesante: non cambia né ti dà alcuna chiarezza rispetto a quello che sta succedendo.

Il risultato è frustrazione. Pensare è un tentativo di cambiare qualcosa; ma tutto quello che fa, è farti andare ancora più giù nella tana del coniglio per trovare una conclusione che, si suppone, sia in qualche modo soddisfacente, eppure non lo è.

Ci sono milioni e milioni di ragioni sul perché le cose e le persone sono nel modo in cui sono e si comportano nel modo in cui si comportano. Potresti passare tutto il tuo tempo pensando e trovando ragioni e cause, e più ne trovi, più ne vengono create.

Pensieri, sentimenti ed emozioni sono invenzioni e non una realtà, a meno che tu non li renda tali. Tuttavia, le persone soffrono ogni giorno sulla base dei loro pensieri, sentimenti ed emozioni. Hanno solidificato le loro stesse invenzioni così tanto da portarle in esistenza, trovando delle storie per supportarle.

Ogni volta che dici a te stesso che sei triste, hai deciso di esserlo; e poi salti fuori con le più svariate ragioni sul perché sei triste. Le persone sono molto creative a questo proposito: "Ah, i miei vicini mi hanno appena guardato in modo strano, sono sicuro di non piacergli e, tra l'altro, anche il mio cane mi ha guardato in un modo inconsueto. So perché non piaccio a nessuno, sono una brutta persona…"

Pensare, sentire e farsi prendere dall'emotività, sesso e non sesso sono i modi in cui ti adatti a questa realtà. Il pensare è utilizzato per giungere a una conclusione, per capire quale sia la scelta giusta. È dove sei in costante giudizio e costante decisione, concludendo e calcolando. È usare te stesso come una macchina calcolatrice per navigare attraverso questa realtà, fare tutto quanto giusto, non commettere alcun errore, vincere e assicurarti di non perdere.

Sentire è il modo in cui rendi tutto quello di cui sei consapevole, tutto quello che percepisci, qualcosa che deve avere a che fare con te. Prendi una consapevolezza, te la bevi come tua e concludi che ha rilevanza per te e che importa.

Le emozioni sono usate per provare che sei un essere umano reale. Le emozioni, molte volte, sono una dimostrazione che ti importa, invece che semplicemente riconoscere che già ti importava e che non hai bisogno di dimostrare la tua amorevolezza.

Sesso e niente sesso sono gli unici modi in cui, in questa realtà, le persone si permettono di ricevere. Dicono: "Questa è una persona con la quale farò sesso", il che significa che quella è una persona dalla quale riceveranno. "Quello è uno sfigato totale, non ci farei mai sesso" significa che stanno eliminando il ricevere da questa persona e da tutte le altre persone che gli assomigliano.

Cosa c'è oltre a pensare, sentire, farsi prendere dall'emotività, sesso e niente sesso?

Essere, sapere, percepire e ricevere.

Lo spazio dove sei te stesso, dove sai tutto, percepisci e ricevi tutto senza aggrapparti a queste cose e senza avere un punto di vista.

Benvenuto in un mondo diverso. Benvenuto a *te stesso*.

Qui è dove hai totale libertà e non sei più l'effetto della polarità di questo mondo. Pensare, sentire, farsi prendere dall'emotività, sesso e niente sesso richiedono che tu sia limitato e che ti contrai per adattarti a questa realtà e rendere reale quello che è normale, ciò che è buono e che viene considerato cattivo. Essere, sapere e percepire è dove sei l'essere infinito espansivo che realmente sei. *Questo è essere lo spazio dove tutto è possibile.*

Suona così utopico, e sai una cosa? Ho scoperto che è possibile ed essere spazio è molto più facile di quanto si potrebbe immaginare. Essere, sapere, percepire e ricevere rendono il funzionare in questa realtà molto più facile, e ti fanno andare oltre questa realtà. La porta si sta aprendo per te, proprio adesso. La stai varcando verso la libertà di essere te stesso?

Quando invito le persone a questa diversa possibilità di essere, sapere, percepire e ricevere, molte volte mi dicono che non è possibile, che si deve pensare e sentire per poter funzionare, e che è necessario pensare e sentire per tirare avanti nella vita e fare ciò che è richiesto quotidianamente, come lavorare.

Quando ero in Australia ad un'intensa classe di sette giorni di Access Consciousness®, questa mi ha aperto le porte ad essere lo spazio che davvero sono. Non c'erano pensieri, sentimenti o emozioni nella mia testa, solo facilità e gioia. Sono andata all'aeroporto per partire dall'Australia e mi hanno dato un modulo da riempire con ogni sorta d'informazioni su di me. Ricordavo il mio nome, il che era una gran cosa; poi mi hanno chiesto qualche altra informazione, che ho potuto trovare nel mio passaporto, e infine mi hanno domandato la data. Di solito non so la data, per cui ho guardato il mio iPhone. Poi mi hanno chiesto l'anno.

Così, ho di nuovo controllato l'iPhone, solo per scoprire che non diceva da nessuna parte in che anno eravamo. Così, stando lì, ho iniziato a ridere per quanto era divertente non sapere che anno era, rendendomi conto che non è una cosa importante.

Quando faccio test psicologici, una delle domande nei questionari neuro-psicologici è quella di chiedere al cliente in che anno siamo per scoprire qualcosa di più sulle sue capacità cognitive. Ed eccomi lì, all'aeroporto, che fallivo completamente il test e mi divertivo. Così ho chiesto: "Cos'altro è possibile?" Sapevo che avrei potuto chiedere a qualcuno: "Scusi, in che anno siamo?" Probabilmente mi sarei guadagnata uno sguardo pietoso. Così ho chiesto di nuovo: "Cos'altro è possibile?" e poi un'altra domanda: "Universo, per favore, aiutami ad uscire da qui, sono in un momento non troppo intelligente, in che anno siamo? Le persone come chiamano quest'anno?" Immediatamente il numero 2010 è arrivato alla mia consapevolezza. La cosa divertente era che non potevo verificare nel mio cervello se il numero era giusto o sbagliato, ma sapevo senza ombra di dubbio che era corretto. E lo era. Lì è stato quando ho capito la differenza fra pensare e sapere. E che posso semplicemente chiedere l'informazione di cui ho bisogno, e so.

Sapere è molto più veloce e leggero che pensare, che richiede tempo. Pensare è basato sui giudizi, sulla polarità di giusto e sbagliato. Sapere è ricevere informazioni, senza un punto di vista.

È così che prenoto i miei biglietti aerei, che faccio prenotazioni negli hotel e tutte le altre cose che fanno parte di questa realtà. Chiedo: "In quale hotel è divertente e facile stare? Quale hotel rende la mia vita più facile?" E poi so, senza dover capire o confrontare i vari hotel.

Un po' di tempo fa ho prenotato un hotel in Costa Rica e quando sono arrivata alcune persone del posto mi hanno chiesto come mai avessi scelto quell'hotel. Mi chiedevo perché me lo stessero domandando. "Perché è il miglior hotel dell'intera spiaggia, e quasi nessuno sembra conoscerne l'esistenza" mi hanno risposto. "Il prezzo è ottimo e ha il lungomare più bello. Come accidenti l'hai trovato?" Facile: chiedendo e fidandomi del mio sapere.

Sarei potuta andare su Internet, guardare gli hotel, confrontarli fra loro e lavorare duramente per trovare qualcosa che pensassi fosse buono. Invece ho fatto una domanda e ho seguito il mio sapere. Il sapere percepisce quello che è leggero ed espande il tuo universo. Pensare richiede tempo ed è più gravoso, e se lo fai tanto, ti dà il mal di testa.

Essere, sapere, percepire e ricevere è possibile per tutti noi quando lasciamo andare la necessità di pensare, sentire ed emozionarci.

La maniera pragmatica di guardare a questo è facendo le domande: questo pensare, sentire ed emozionarsi è *reale*? Ti sta portando dove ti piacerebbe andare? Ti sta dando la libertà che desideri? In altre parole, funziona davvero per te? E c'è un'alternativa che potresti scegliere dove il pensare, sentire ed emozionarsi siano una scelta, e non una necessità, per poter vivere in questa realtà?

Quando guardo film come *Avatar* piango. Mi godo i sentimenti e le emozioni che emergono, e la consapevolezza e il sapere gioioso di una possibilità più grande. E' tutto incluso. Niente viene giudicato. I sentimenti sono una scelta e me li godo. Non ho il punto di vista che i sentimenti siano una necessità. Sono un'invenzione. La maggior parte delle persone semplicemente se li beve come reali, e non fa tante domande a riguardo. Deducono che sentire, specialmente sentirsi male, sia una parte dell'accordo dello stare su questo pianeta, e che sia naturale.

E se non lo fosse? Ti sei mai chiesto cos'altro è possibile? Hai, in qualche modo, sempre saputo che essere te stesso ed essere su questo pianeta potesse in qualche modo essere più facile e gioioso? Sì, può esserlo. Come? Facile: sceglilo. Permetti a te stesso di essere la differenza che realmente sei, il contrasto e la deviazione dalla norma. Cos'hai da perdere? Quello di cui sei capace è cambiare il mondo. Il tuo mondo.

### *Come accedere all'essere, sapere, percepire e ricevere*

Ecco degli strumenti per te:

*A chi appartiene questo?*

*Quello che è leggero è vero, quello che è pesante è una bugia.*

La maggior parte dei tuoi pensieri, sentimenti ed emozioni non sono tuoi. Questo ti fa sentire più leggero? Chiedi al tuo corpo. Ti sei rilassato un pochino di più? La maggior parte di quello che pensi e senti non è tuo. Sei semplicemente consapevole dei punti di vista, dei pensieri, sentimenti ed emozioni che stanno avvenendo nel mondo, continuamente. Quando incontri qualcuno che è triste, sai che sono tristi, senza che debbano dirtelo. Percepisci la loro tristezza. Quello che la maggior parte delle persone fa quando percepisce la tristezza, è concludere che appartenga loro e dicono: "Sono così triste." Solo perché ne sei consapevole e lo percepisci, non significa che sia tuo.

Quindi, cos'è possibile con questa informazione? Quando c'è qualsiasi tipo di pesantezza nel tuo mondo, un sentimento, un'emozione o un pensiero, fermati e chiedi: "A chi appartiene questo?" Quando la pesantezza, il pensiero o il sentimento vanno via, vedrai che non sono tuoi;

li stavi semplicemente percependo. Se non vanno via, puoi chiederti: "Verità, me li sono bevuti come se fossero miei?" Se ricevi un *sì*, saprai che li stai trattenendo. Adesso hai la scelta di continuare a trattenerli o lasciarli andare. Come? Semplicemente lasciandoli andare.

Qual è il valore di bere la bugia che i pensieri, i sentimenti e le emozioni siano tuoi? Molte persone concludono che, solo perché ne sono consapevoli, devono fare qualcosa. Molte volte non c'è niente da fare. Ricevi la consapevolezza e permettiti di godertela, senza dare importanza a cosa sia. Chiedi: "Posso cambiarlo?"

John Lennon aveva ragione. Se non puoi cambiarlo, *let it be* (lascia che sia).

Molte persone cercano di occuparsi degli altri, prendendo su di sé i pensieri, i sentimenti, il dolore e la sofferenza altrui. Prendono tutto questo nei loro corpi, come tentativo di guarire l'altro. Ogni tanto funziona per un po'. L'altra persona si potrebbe sentire meglio, ma se non è interessata a lasciar andare il proprio problema, presto ne creerà uno nuovo. E allora, starete soffrendo entrambi.

Avevo una coppia di clienti il cui figlio si stava prendendo cura della loro sofferenza, ma non erano disposti a lasciare andare il loro dolore. E così il figlio stava sentendo il dolore dei genitori, e si sentiva un fallimento perché non riusciva a guarirli. Ho anche avuto famiglie in cui i figli si prendevano carico delle sofferenze dei genitori, e i genitori si prendevano carico delle sofferenze dei figli, e l'intera famiglia si sentiva male e non aveva idea del perché. Quando abbiamo avuto accesso alla loro consapevolezza a riguardo, hanno cambiato quel che stava succedendo, e tutta la famiglia è cambiata.

### *Come sai se è tuo oppure no?*

Quello che ti fa sentire leggero è giusto, quello che è pesante è una bugia. Questa è una chiave fantastica per la libertà che hai sempre saputo fosse possibile, e alla quale non hai mai saputo come accedere. Quello che abbiamo imparato e il modo in cui le persone funzionano in questa realtà, è che, se è pesante e solido, dev'essere giusto. "Deve essere giusto" è una conclusione. Quello che è pesante, solido e denso, come la sofferenza e il dolore, "deve essere reale". È davvero così? Che cosa sai?

Quello che è leggero e fa rilassare il tuo corpo, che fa cantare il tuo cuore e che espande la tua vita, è in realtà ciò che è vero per te. Tutto il resto sono invenzioni, bugie e cose che altri rendono reali.

Come ti piacerebbe che fosse la tua vita? Percepiscine l'energia. È pesante e densa, o leggera e facile? Più probabilmente sarà leggera se vuoi gioia e facilità. Per creare quella vita, scegli semplicemente quello che combacia con quell'energia. Scegli quello che è leggero. Se hai due persone che vorrebbero uscire con te, o se stai scegliendo che cibo mangiare, o a quale professione dedicarti, scegli quello che si avvicina di più all'energia a cui vorresti che assomigliasse la tua vita. Puoi usare questo strumento per ogni scelta, come film, amici, cibo, situazioni di vita e così via. Quando scegli cosa si accorda all'energia della tua realtà, ogni scelta che fai contribuisce a quello che stai creando. Ecco dove inizi a creare la tua vita, invece che semplicemente sopravvivere a questa realtà.

Essere consci e consapevoli è dove ricevi tutto e non giudichi nulla. Ricevere tutto significa non avere alcuna barriera alzata verso le informazioni che ti circondano. È quando lasci che l'informazione passi attraverso te, e quando sei la domanda su cosa sia possibile con quello di cui sei consapevole. Ogni consapevolezza può essere il punto di partenza per una possibilità più grande.

La maggior parte delle persone pensa che se fosse totalmente consapevole di tutto, sarebbe troppo; sarebbe sopraffatta e dovrebbe proteggersi da queste eccessive informazioni. Ma ti chiedo: è vero questo, o proteggerti, innalzando barriere, consuma un sacco di energia? E c'è qualcosa da cui ti devi proteggere?

Le persone dicono che c'è un'energia buona e un'energia cattiva. No, c'è solo l'energia. È quando giudichi quello di cui sei consapevole e l'energia come negativa, che decidi che ti farà del male. E indovina una cosa... il tuo punto di vista crea la tua realtà; la realtà non crea il tuo punto di vista.

Piuttosto che essere totalmente consapevole, la maggior parte delle persone preferirebbe stare nella mente e nel cervello, in modo da non dover sapere quel che sa. Si tortura e si intrattiene con i suoi film mentali sul fatto che non può ricevere e che non può accedere a ciò di cui il suo corpo è consapevole.

Recentemente ho avuto un cliente, un giovane uomo che si gode ed è contemporaneamente torturato dalla sua masturbazione mentale. Cerca di dare un senso al mondo, che per lui non ne ha alcuno e non ne ha mai avuto. Cerca di capire perché le persone fanno quel che fanno e dicono quel che dicono, e tiene traccia delle loro reazioni nei suoi confronti. Ha la Sindrome di Asperger, e se questo si applica anche a te non significa che tu abbia la Sindrome di Asperger.

Non ha mai imparato come gestire tutto quello che sa e tutto ciò di cui è consapevole; la risolve rifugiandosi nel cervello e creandosi un mondo tutto suo. Per lui funziona. Ma tenere questa "macchina mentale" in funzione e assicurarsi che questo "posto privato" sia mantenuto in buone condizioni richiede un sacco di energia.

Ha eliminato la consapevolezza del proprio corpo. I corpi sono organi sensoriali che raccolgono costantemente informazioni sul mondo circostante. Rimanendo nel cervello, ha creato una separazione per cui non può godere del suo corpo. Lui dice che è sempre in modalità neutrale e non ha gioia. Non avere alcuna connessione col tuo corpo taglia via la tua ricezione di tutto e di tutti attorno a te, incluso te stesso. È come voler riempire il tuo bicchiere con un drink delizioso, che ti rinfresca e rivitalizza, ma hai chiuso a chiave la porta del frigo. Ogni singola molecola è lì per contribuire a te e al tuo corpo. Tagliare via questa connessione per poter essere al sicuro e non venire disturbato, tutto solo soletto nel tuo cervello, ti tiene lontano da tutti i piaceri, le possibilità e le energie creative che hai a disposizione.

Ricevere quello di cui sei consapevole crea un parco giochi totalmente diverso per te.

E se la tua consapevolezza non fosse un'offesa giudicabile? E se non fosse buona o cattiva, ma solo informazioni che puoi usare nel modo in cui desideri? Questo significherebbe più libertà per te.

Un ottimo esempio è Forrest Gump. Nulla abbatte quell'uomo. Potrebbe essere nel mezzo della guerra e ricevere tutto, senza alcun punto di vista. Riceve tutto e lo utilizza per creare la sua realtà. Qualsiasi cosa faccia, la fa dalla delicatezza e dalla gentilezza. Non c'è alcun giudizio nel suo mondo. Nessun bisogno di dimostrare alcunché. E niente è rilevante per lui. Le cose cambiano e lui permette loro di cambiare, senza aggrapparsi a nulla. Nessuna forma, nessuna struttura e nessun significato. Essere nel modo in cui è, lo porta più lontano di qualsiasi altra persona. Che uomo geniale!

E se consapevolezza e coscienza fossero 'il nuovo geniale'?

*La vita è come una scatola di cioccolatini... . Non sappiamo mai come si mostra, ma possiamo scegliere che si mostri.*

## Capitolo Sei

# Giudizi: Il Binario Morto

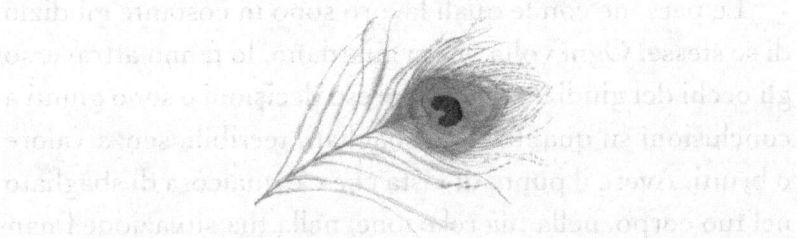

I giudizi sono quello che le persone usano per creare le loro vite e per capire se quello che stanno cercando e scegliendo è giusto o sbagliato, buono o cattivo, e se piace loro oppure no. La maggior parte delle persone vede il mondo solo attraverso il filtro dei propri giudizi.

Un po' di tempo fa ero all'opera a Vienna e la musica stava scorrendo attraverso il mio corpo, rivitalizzando ogni cellula. Il tenore stava espandendo i mondi della platea con la sua voce. Nella pausa ero davvero felice e grata per la musica e i cantanti. Mentre ordinavo un bicchiere di vino, ho udito per caso una conversazione di una donna che diceva: "Beh, ha cantato abbastanza bene oggi, ma ho sentito che non ha preso tutte le note che avrebbe dovuto." La sua amica ha concordato e sono andate avanti a giudicare. Wow. Davvero? Di fronte a quella bellezza, queste persone sceglievano di giudicare e limitare la loro possibilità di ricevere il contributo che la voce del tenore e la musica erano per le loro vite e i loro corpi. Che scortesia nei confronti di se stessi.

Ogni volta che giudichi, tagli via quel che puoi ricevere. Tutto quello che non si accorda al tuo giudizio non può entrare nel tuo mondo.

Le persone con le quali lavoro sono in costante giudizio di se stesse. Ogni volta che si guardano, lo fanno attraverso gli occhi del giudizio. Hanno preso decisioni e sono giunti a conclusioni su quanto sono sbagliati, terribili, senza valore o brutti. Avere il punto di vista che c'è qualcosa di sbagliato nel tuo corpo, nella tua relazione, nella tua situazione finanziaria o con te stesso, è quello che sta creando il problema. È la tua conclusione che c'è qualcosa di sbagliato che non lascia spazio affinché altro venga creato o giunga nel tuo mondo.

L'erroneità, in tutte le forme e misure, solitamente giustificata da "Nel passato, è avvenuto questo e questo, la mia infanzia era questo e quell'altro", è la storia che le persone usano per spiegare, argomentare e giustificare perché hanno il problema che hanno, perché non lo possono cambiare e perché la loro vita è così difficile.

Non ascolto, non racconto o mi bevo mai la storia. Quando i clienti dicono: "Il mio problema è questo e quest'altro, perché... " stanno iniziando la storia. Tutto quello che viene dopo il "perché" giustifica il motivo per cui hanno un problema e perché non possono cambiare quel che dicono che gli piacerebbe cambiare. Ascoltare e bere le storie delle persone è dire loro che hanno ragione a mantenere la loro storia, e che davvero sono le vittime: questo è lasciare che mantengano il circolo vizioso del loro problema.

**Cos'altro è possibile?**

# Giudizi: Il Binario Morto

Fare delle domande potenzia le persone, senza bersi le loro storie e non vedendole come vittime. Li invita alla consapevolezza che hanno quello che serve per cambiare ciò che desiderano cambiare.

Quando i miei clienti si rendono conto che le ragioni e le giustificazioni per le quali hanno dei problemi sono semplicemente delle storie che hanno creato, e che queste storie non sono reali o fisse, si illuminano, perché si rendono conto che possono aprire la porta a una realtà di loro scelta completamente nuova.

Ogni storia è solo un interessante punto di vista. Puoi guardarla in un modo o nell'altro; e, a seconda dell'umore che hai e con chi stai parlando, la tua storia cambia. Il tuo passato è come giudichi che esso sia. Non c'è niente di fisso a riguardo. Sono i tuoi giudizi circa la tua storia che determinano come calcoli quello che è probabile per te nel futuro. Creare il tuo futuro basandoti sul passato non ti lascia molta scelta: stai scegliendo dal menù del tuo passato.

E se lasciassi che il tuo passato fosse un interessante punto di vista invece che un punto di vista fisso? E se lasciassi che il tuo passato fosse non-significativo e gli permettessi di essere quello che hai scelto di essere e fare prima di questo momento? E se permettessi a te stesso di scegliere di essere chi sei proprio adesso? Quante scelte in più avresti a disposizione? Il tuo menù è aumentato esponenzialmente, no?

Molte persone non sono state riconosciute per la loro genialità quando erano dei bambini. La maggior parte di loro è stata giudicata non abbastanza brava. E se trattassi te stesso nel modo in cui ti sarebbe piaciuto essere trattato, al posto di soffrire per il modo in cui sei stato trattato? Questo non cambierebbe il tuo futuro?

Le storie possono essere divertenti quando espandono il tuo mondo e ti ispirano, non se le usi per giustificare le tue limitazioni.

Lavoravo con una donna che era stata abusata sessualmente quando era un'adolescente. Parlavamo dell'abuso e ha detto di come non desiderava più essere limitata dal suo passato. Aveva usato l'abuso per giustificare il fatto di non potersi più godere la sua vita e per odiare il suo corpo. Quando è divenuta consapevole di questo, è stata pronta a smettere di giustificare le sue limitazioni, e questo ha aperto la porta per ricevere la mia facilitazione in modo da cambiare quello che l'abuso aveva creato nella sua realtà e nel suo corpo. Indirizzandoci a quello che era stato creato dall'abuso, l'energia che era bloccata nel suo corpo poteva così essere rilasciata.

Durante la sessione della settimana successiva aveva un gran sorriso e diceva che erano cambiate tantissime cose. Adesso si gode il suo corpo ed è come se l'abuso non fosse mai avvenuto. Non è più rilevante. Ha cambiato il suo passato. È una persona diversa adesso e sa di poter scegliere qualsiasi cosa lei desideri.

Cosa stai scegliendo tu?

Sei disposto a smettere di giudicare te stesso?

Quanto stai cercando di dimostrare che sei abbastanza bravo e non sbagliato, provando a te stesso e agli altri quanto sei intelligente? Dimostrare che sei intelligente richiede costante giudizio di te. Sei sotto costante sorveglianza di te stesso per capire se sei abbastanza intelligente o meno. L'unico risultato è una testa fumante.

Un altro giudizio che le persone usano è dimostrare costantemente quanto sono stupidi per non sapere quanto sono realmente intelligenti.

Ognuno ha un modo tutto suo di giudicare se stesso per le capacità che ha a disposizione. Essere la grandezza che sei ti richiederebbe di essere in totale allowance di te stesso. Totale allowance è dove ricevi tutto e non giudichi nulla. È dove non hai più bisogno di nascondere nulla da te stesso e dagli altri perché hai il punto di vista che qualche parte di te è troppo brutta perché gli altri la vedano. Ogni bruttezza diventa un interessante punto di vista. Non è più reale: è solo un interessante punto di vista.

Giochiamo con questo strumento. Prendi qualcosa che consideri sbagliata, terribile e brutta di te. Adesso dì a quel punto di vista: "È un interessante punto di vista che io abbia questo punto di vista." E guarda di nuovo quel punto di vista per com'è adesso e ripeti: "Interessante punto di vista che ho questo punto di vista" e percepisci com'è adesso… e dì ancora: "Interessante punto di vista che ho questo punto di vista." Adesso guarda di nuovo il tuo punto di vista. Sta cambiando?

Per punti di vista e giudizi che hai su te stesso da molto tempo, potresti doverlo fare 20 volte o più. Fallo finché si alleggerisce o inizi a rilassarti. Alcune persone iniziano a ridere mentre lo fanno, perché si rendono conto di quanto sia divertente avere i punti di vista che hanno e quanto sia rilassante sbarazzarsene.

Puoi usare questo strumento per qualsiasi cosa che "senti" pesante. Puoi usarlo per i tuoi punti di vista e per i punti di vista delle altre persone; per esempio, se qualcuno dice che hai fatto qualcosa di sbagliato o che non sei abbastanza bravo, allora dì nella tua testa: "Interessante punto di vista, che lui/lei ha questo punto di vista" finché non ti renderai conto che quello che dicono non è nient'altro che un punto di vista e non una realtà.

Avevo un cliente la cui moglie lo accusava di qualsiasi cosa. Qualsiasi cosa facesse, era sbagliata. Si sentiva terribilmente e aveva il punto di vista che tutti i problemi che avevano nel loro matrimonio fossero colpa sua. Aveva provato di tutto per fare le cose giuste per sua moglie. Gli ho mostrato lo strumento "interessante punto di vista" e l'ha usato ogni volta che sua moglie lo giudicava. Abbassando tutte le sue barriere e dicendo nella sua testa: "Interessante punto di vista che lei abbia questo punto di vista" (non in maniera sarcastica) non ha più reso reale il punto di vista della moglie. Poteva ricevere quello che lei aveva da dire, il che rese i suoi sermoni molto più brevi del solito perché si sentiva ricevuta e non aveva bisogno di dimostrare la correttezza del suo punto di vista.

Quando tutti i punti di vista al mondo non sono nient'altro che un interessante punto di vista, l'importanza dei giudizi viene eliminata. Non sono più rilevanti. Sono solo quello che le persone usano per rendersi reali e adattarsi a questa realtà. Permettere a te stesso di essere diverso e non cercare di cambiarti per adattarti ai giudizi delle altre persone, apre la porta alla scelta. Puoi ricevere tutto e tutti come un interessante punto di vista e come un'informazione che puoi usare per creare la tua vita. Ecco che il vivere diventa pragmatico invece che complicato.

La scelta è quando puoi cambiare direzione in ogni momento. Se eri arrabbiato con qualcuno, puoi scegliere di nuovo. Ti piacerebbe continuare ad essere arrabbiato o ti piacerebbe piuttosto fare una passeggiata nel parco? Come sarebbe se nessuna scelta dovesse durare più a lungo di dieci secondi? Sei arrabbiato per dieci secondi; i dieci secondi sono finiti: puoi scegliere qualcosa di diverso.

Per esempio, diciamo che hai appena urlato dietro ai tuoi bambini e ti senti malissimo per questo. Al posto di sentirti male, potresti ricevere la scelta che hai appena fatto senza un giudizio e dire ai tuoi bambini: "Vi chiedo scusa, mi sono appena comportato come un genitore fetente. Per favore, perdonatemi." E andare avanti. Quei dieci secondi nei quali hai scelto di urlare sono finiti. Non hai fatto del male ai tuoi bambini con quei dieci secondi. Hai solo mostrato loro che ogni tanto puoi fare delle scelte che non sono così espansive, che non c'è bisogno di giudicare tali scelte e che esiste sempre la possibilità di andare avanti e scegliere di nuovo. Non sentirti male: è il più grande regalo che puoi essere per i tuoi figli, per ispirarli a non giudicare se stessi nel futuro per le scelte che faranno.

La vera creazione non proviene dal giudizio di quello che è giusto o sbagliato, ma dal fare domande e scegliere e scegliere ancora. La scelta crea consapevolezza.

Molte persone confondono il giudizio con la consapevolezza. La differenza fra una consapevolezza e un giudizio è l'energia. Un giudizio ha una carica (positiva o negativa). Una consapevolezza non ha carica: è leggera. La consapevolezza ti fa sentire leggero. I giudizi sono pesanti.

Per esempio, se pensi che qualcuno sia cattivo chiedi se questo è un giudizio o una consapevolezza. Perfino riconoscere la cattiveria di qualcuno è leggero, quando è una consapevolezza. La parte migliore di questo è che puoi usare la tua consapevolezza come informazione e sapere che questa persona potrebbe non essere qualcuno con cui ti piacerebbe andare a cena. La consapevolezza include tutto e non giudica nulla, neppure la cattiveria.

Un giorno, mentre mi stavo preparando per il lavoro, ho avuto la consapevolezza che dovevo stare a casa, senza sapere perché. Il giorno dopo ho sentito che in ufficio c'era stato un uomo che minacciava con un fucile lo staff. Riflettendoci a posteriori, la consapevolezza di non andare al lavoro quel giorno era leggera e non aveva carica, anche se riguardava una minaccia. Fidarmi del mio sapere e non giudicare me stessa per essere sbagliata a non andare al lavoro quel giorno ha reso la mia vita definitivamente più facile.

### *Invenzioni della mente*

Ogni inquietudine che hai è qualcosa che nutri con energia e rendi reale. Usi la tua energia, il tuo tempo e la tua creatività per rendere i tuoi turbamenti reali e per trovare prove che siano più grandi della tua capacità di cambiarli. Passa in rassegna la tua giornata per scoprire quanti turbamenti hai avuto solo in un giorno con la tua famiglia, i tuoi figli, i tuoi colleghi, te stesso, il tuo corpo, i tuoi soldi, il tuo business... . Ogni volta che qualcosa manca di facilità, che è il tuo stato naturale, stai creando un turbamento rendendolo reale.

Che grande e glorioso inventore che sei: ti inventi scombussolamenti ogni giorno e in ogni momento solo per essere normale e reale come tutti gli altri. E se potessi usare la tua capacità d'invenzione e creatività a tuo vantaggio e creare qualcosa che davvero funzioni per te?

Quanti dei tuoi turbamenti sono in realtà consapevolezze che non hai riconosciuto e hai distorto in giudizi che stanno creando i problemi nella tua vita? Se non hai capito una parola di quello che hai appena letto, questo è totalmente opportuno. Ridi e fai cenno di sì con la testa: è quello che facciamo quando ci troviamo davanti a qualcuno che non parla la nostra lingua e non capiamo cosa dice, ma vogliamo essere educati.

Non capire è esattamente il punto in cui ci piacerebbe giungere. È dove non crei più dalle limitazioni della tua mente e ti apri al tuo sapere, e ogni tanto è come se all'improvviso non capissi più nulla. Goditi l'annuire. Ascoltare o leggere qualcosa come questo e non capirlo, potrebbe farti sapere che è proprio quello che cercavi. E quando lo trovi il tuo cervello non capisce più, dal momento che questo va oltre la sua capacità di comprenderlo. Questo è il punto nel quale vai oltre alle tue limitazioni. Non preoccuparti, sii felice e grato e continua a leggere.

Per esempio, quando sei consapevole di qualcuno che ti sta derubando, hai appena ricevuto un'informazione che potresti usare a tuo vantaggio. Chiedi a te stesso cosa ti piacerebbe scegliere che renderebbe la tua vita più facile. Ti piacerebbe parlare alla persona, lasciar stare, o cos'altro potresti scegliere che espanderebbe la tua vita? Ricevere questa consapevolezza ti lascia sapere che hai scelta.

Se avessi la consapevolezza che qualcuno ti sta derubando, ma ti giudicassi dicendo: "Devo essermi sbagliato, che pensiero terribile, questa persona non mi deruberebbe mai... .", avresti appena distorto una consapevolezza in un pensiero e in un giudizio, creando un'invenzione che determina un turbamento nella tua realtà.

Mettiamo all'opera la frase di pulizia per cambiare tutto questo!

*Quanta della tua consapevolezza stai distorcendo in pensieri, sentimenti ed emozioni?*

*Tutto quello che è venuto su facendo questa domanda, distruggerai e screerai tutto?*

*Giusto e sbagliato, bene e male, pod e poc, tutti e nove, shorts, boys e beyonds.*

Raccomando caldamente di far scorrere questa pulizia molte volte per accedere alla tua consapevolezza e sbloccare te stesso da tutto ciò che hai reso reale e che non lo è. Con "far scorrere questa pulizia" intendo: pronunciare questa frase a voce alta o nella tua testa. Se fai scorrere la pulizia per te stesso, semplicemente sostituisci "tua" e "stai" con "mia" e "sto".

E ora parliamo di difendere l'invenzione. Quando inventi qualcosa, la difendi. Ad esempio, se hai inventato il punto di vista che non piaci a nessuno, allora difenderai questa invenzione cercando prove che non piaci a nessuno. Proietterai sulle altre persone che a loro non piaci, studierai le loro facce per trovare segni che non gli piaci, insinuerai questo pensiero nelle loro teste e loro te lo dimostreranno evitandoti o essendo cattivi con te.

Vedi come funziona? È folle! E tutto questo non è altro che un'invenzione.

Come puoi cambiarlo?

Essendone consapevole. Diventando sempre più consapevole che il turbamento nella tua vita è solo un'invenzione; e tutto quel che serve per cambiarlo è scegliere di lasciarlo andare.

Per rendere le cose ancora più facili, puoi far scorrere questo processo più e più volte:

*Quale invenzione sto usando per creare il turbamento che sto scegliendo?*

*Tutto ciò che è distruggerai e screerai tutto?*

*Giusto e sbagliato, bene e male, pod e poc, tutti e nove, shorts, boys e beyonds.*

## Capitolo Sette

## Sintomi che diventano Diagnosi. E, Tu, in Quale Categoria Sei?

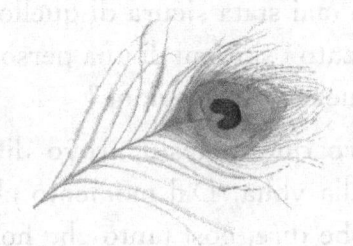

Riassumere i sintomi in categorie chiamate diagnosi è uno dei tanti modi di creare ordine nell'area della salute mentale. Le persone sono così complesse nei loro modi di pensare e di comportarsi che questo crea caos e, di conseguenza, la necessità di creare ordine. Ci sono così tante regole su come comportarsi e su cosa è giusto e sbagliato, che molte persone si sentono perse e cercano disperatamente di fare tutto quello che possono per riuscire a fare nel modo giusto, al fine di essere accettate e adeguarsi a questa realtà.

Il sistema di diagnosi stabilisce i punti di riferimento per giudicare quello che è normale e giusto e ciò che non lo è. È una creazione che cambia ogni anno ed è progettata per assegnare un senso a qualcosa che in realtà non ce l'ha. La maggior parte delle persone si sente "sbagliata", e così colleziona prove di quanto sia imperfetta e malata quando ha una diagnosi da addurre. Altri la usano come ragione e giustificazione della loro incapacità di creare le proprie vite. Per cambiare questo e lasciar andare i propri punti di riferimento e definizioni di sé, ci vuole un sacco di coraggio.

Diagnosticare non mi ha mai davvero aiutata nel mio lavoro. Riconosco come ogni paziente sia diverso. Una persona può prestarsi a più diagnosi contemporaneamente, oppure a nessuna. Le volte che ho consultato il mio libro delle diagnosi e finalmente trovato una diagnosi corrispondente, non sono mai stata sicura di quello che avevo fatto. Avevo categorizzato i sintomi di una persona. Bene. E ora? Cosa fare con questa informazione?

Mentre scrivo questo testo, trovo difficile parlare di un argomento alla volta. Dal momento che c'è così tanto che mi piacerebbe dire, così tanto che ho scoperto (che è così diverso dalla psicologia in voga), che mi piacerebbe scrivere tutto e subito. Sono sicura che esista una diagnosi anche per questo. Di fatto, sono ADHD, ADD, autistica e OCD, tutte insieme, e sono una psicologa, e, come se non bastasse, appaio totalmente normale (qualsiasi cosa "apparire normale" sia).

Nota che ho detto che "sono" ADHD.... . C'è una differenza fra avere una diagnosi ed *esserla*. Avere una diagnosi è avere sintomi che possono essere riassunti in una categoria specifica. Queste sono scritte in libri che possono essere trovati sullo scaffale di ogni psichiatra. Sono solamente invenzioni. Essere ADHD è avere le capacità che queste cosiddette "diagnosi" nascondono. Sì, è corretto: ho usato la parola "capacità". Più in là nel libro esplorerò con te quali sono tali capacità.

Sono stata a molte conferenze e ho letto parecchi libri che si riferiscono ad ADHD, ADD, autismo e altre diagnosi mentali come disordini o deficit. Queste persone hanno davvero degli "handicap"? O sono solo diverse? Se guardiamo più da vicino, possiamo percepire e ricevere le possibilità.

Che cosa sai che non hai permesso a te stesso di sapere? Se vai oltre quello che è giusto e reale in questa realtà e quello che sei stato allenato a credere, che cosa veramente sai che è possibile per te e per il mondo?

Le persone che hanno ricevuto una diagnosi spesso utilizzano quelle etichette per descrivere chi sono. Creano se stesse accordandosi ai sintomi che sono riassunti dalla "loro" diagnosi e con questo convalidano le realtà delle altre persone rispetto a come si suppone che essi siano. Fanno la fotografia di chi sono basandosi sulla limitazione della diagnosi. Ho visto questo in così tanti pazienti nell'ambito della salute mentale. Con l'etichetta "depressione" diventavano ancora più depressi, poiché a quel punto avevano una ragione e una giustificazione per essere depressi.

Perfino le teorie funzionano come le diagnosi. Sono strutture e risposte che ti dicono ciò che è giusto e ciò che è sbagliato e quale strada intraprendere. Prendi la tua vita e la adatti alla teoria per spiegarla e per capirla. La usi come punto di riferimento per trovare la soluzione. Ma nella soluzione giace la trappola. Utilizzi una risposta per spiegare la vita che ti sta depotenziando.

Una risposta depotenzia.

Una domanda potenzia.

Come può una teoria o una diagnosi sapere più di te di quanto tu sai di te stesso?

Ti invito a riconoscere il tuo sapere, invece che guardare ai punti di vista degli altri come se fossero più validi del tuo sapere. E se potessi essere chi sei, invece di cercare di adattarti alla scatola che la diagnosi chiama "questa realtà"?

CAPITOLO OTTO

# Lo Spazio Chiamato Te— È Strano, È Stravagante, Ma Funziona

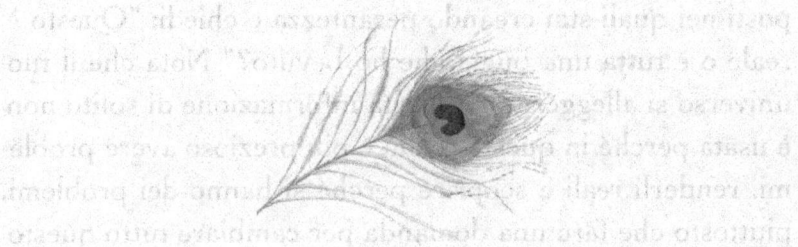

Quanto stai rendendo la tua vita più difficile di quanto dev'essere? A quanti dei tuoi cosiddetti problemi ti stai aggrappando perché questo è quello che si fa in questa realtà? "Devi avere un problema al fine di essere reale. Tutti ne hanno uno, perché non dovresti averne uno anche tu? Chi saresti senza averne uno o due?" Hai deciso che saresti troppo diverso e troppo strano, se non creassi un handicap che ti rende limitato quanto tutti gli altri? La vita è come il golf. È tutta una questione di handicap (n.d.t. Nell'ambito dilettantistico dello sport del golf, per consentire a giocatori meno esperti di poter competere il più possibile ad "armi pari" con giocatori più bravi, viene utilizzato un sistema "a vantaggio", comunemente chiamato "ad handicap". In sostanza, più un giocatore è bravo, meno colpi gli sono concessi per chiudere ogni buca.) Davvero? È davvero questa la tua realtà? Che cosa stai rendendo reale che non lo è?

Ricorda: quello che ti rende leggero è giusto; quello che ti rende pesante è una bugia. È uno strumento che puoi usare per qualsiasi cosa. Quando ti piacerebbe sapere se qualcosa è un'invenzione e non è reale, percepiscine l'energia. Se è leggera è una consapevolezza che stai avendo. Se è pesante è una bugia; è la percezione o il punto di vista di qualcun altro.

Adesso passa in rassegna la tua vita, percepisci tutti i posti nei quali stai creando pesantezza e chiedi: "Questo è reale o è tutta una bugia che ho bevuto?" Nota che il tuo universo si alleggerisce. Questa informazione di solito non è usata perché in questa realtà è più prezioso avere problemi, renderli reali e scoprire perché si hanno dei problemi, piuttosto che fare una domanda per cambiare tutto questo immediatamente. Tutto quello di cui hai bisogno è fare una domanda e accendere le luci della consapevolezza per sapere cosa è richiesto, al fine di cambiarlo. È così facile che potresti pensare: "Non è possibile, è troppo facile; se fosse possibile, me l'avrebbero detto prima." E se iniziassi a fidarti di ciò che sai piuttosto di quello che ti hanno trasmesso come reale fino ad ora?

Chiedi a te stesso: "Che cos'è che io so qui?"

Quando qualcosa è giusto per te, semplicemente lo sai, oltre ogni dubbio. Non c'è bisogno di usare il tuo cervello per capire alcunché o cercare di trovare delle prove. Semplicemente lo sai. Il punto di vista che non può essere facile... ti rende più leggero o più pesante? Più leggero significa che ti fa sentire più rilassato, come quando respiri: è quando sai che è vero per te, non da un punto di vista cognitivo, ma da un sapere che è più grande di quanto possa pensare con la tua testa.

Che cos'altro c'è nella tua testa che ti fa sentire pesante? Quanto di quello che ti passa per la testa ogni giorno ti fa sentire pesante? Quanti dei pensieri nella tua testa sono automatici, continuano e continuano, senza che tu abbia la capacità di fermarli, e ti fanno impazzire? Ti piacerebbe cambiare questo? Ti piacerebbe scoprire chi sei davvero oltre a tutto quel ronzio nella tua testa?

Eccola che arriva, l'informazione che ti avrebbero dovuto dare un sacco di tempo fa: il 99% di tutti i tuoi pensieri, sentimenti ed emozioni *non appartengono a te.* Non sono tuoi. Sono tutte quante informazioni che stai raccogliendo da altre persone e dalla Terra. Te l'avevo detto che era strano! Cambiare ed essere più di chi sei, richiede che tu lasci andare quello che non ha funzionato fino ad ora, e che tu apra le porte a qualcosa di diverso, che potrebbe essere strano, un mondo totalmente differente, ma che realmente ti da la libertà di te stesso. Cercare di fermare i pensieri non funziona: non c'è il pulsante "off". E non funziona nemmeno cercare di rilassarsi con tutti quei pensieri in testa.

Quante tecniche hai provato che non hanno funzionato? Perché non andavano bene? La maggior parte delle tecniche è d'accordo e si allinea con l'idea che quei pensieri sono reali e che sono tuoi. Tutto ciò con cui concordi e col quale ti allinei, lo rende reale e ti si appiccica. Tutto ciò con cui concordi e ti allinei, e tutto ciò a cui resisti e reagisci, lo rendi reale, e ne diventi l'effetto. Stessa cosa con tutti i tuoi pensieri e sentimenti.

Prendi ad esempio l'oceano: non importa se piove o nevica o se splende il sole, l'oceano è ed è presente con qualsiasi tempesta arrivi. Stessa cosa con gli alberi. Gli alberi sono la pace che sono, non importa che tipo di tempo atmosferico vada loro incontro. Non confondono il tempo, la tempesta, la pioggia, la neve o il sole con chi sono.

Le persone confondono sempre i loro sentimenti (i loro tempi atmosferici) con chi sono. Dicono "sono triste, sono arrabbiato." È come se l'albero dicesse: "Io sono la neve, io sono la pioggia." E se potessi essere consapevole dello spazio che sei, della pace che sei, e tutte le volte che sei consapevole di un sentimento o un pensiero chiedessi: "A chi appartiene questo?" Lo dico di nuovo: il 99% dei tuoi pensieri e sentimenti sono informazioni che raccogli da altre persone e dalla Terra. Sì. Sei una macchina di consapevolezza di enorme portata. Se lo riconoscessi, la tua vita diventerebbe molto più facile e il 99% di quello che accade nella tua tesa sarebbe eliminato.

Ma non farlo. Saresti tanto sereno quanto gli alberi e l'oceano. Saresti così diverso che gli altri ti chiederebbero cosa c'è che non va, perché non saresti più turbato come al solito. Essere sereni è una "erroneità" in questa realtà. E anche essere gioioso lo è.

Avevo una paziente che era bipolare e aveva fatto alcune sessioni con me. Dopo queste, incontrò il suo dottore, che sembrava confuso, e le disse che non rientrava più nei parametri della bipolarità e che questo era impossibile; non si dovrebbe avere la capacità di sbarazzarsi di questa diagnosi tanto facilmente. Lei gli disse quanto fosse felice ora e quanto fosse gioiosa la sua vita e lui le chiese: "Ti droghi?" Interessante come funzionano le cose in questa realtà!

Quindi cosa ti piacerebbe scegliere? Andare in giro e fare tuoi i pensieri e i sentimenti degli altri, o chiedere: "A chi appartiene questo?" Fare questa domanda ogni volta che "ti senti" pesante, senza dover analizzare quello che sta succedendo (quando non è neanche tuo), alleggerisce il tuo mondo e ti permette di percepire lo spazio che sei. Ci vuole pratica. Fallo per ogni pensiero e sentimento che hai per tre giorni. Alla fine di questi tre giorni, sarai una meditazione camminante e parlante. Inizierai a farlo e poi te ne dimenticherai e te ne ricorderai di nuovo. Non ti preoccupare. Fallo semplicemente tutte le volte che te ne ricordi. Sarai sorpreso da quante cose pensavi fossero tuoi problemi e che non hanno niente a che fare con te.

Un paziente con ADHD venne da me perché era irrequieto per via dell'ansia e di una fobia a livello sociale e mi disse quanto fosse difficile per lui stare attorno ad altre persone perché si faceva prendere dall'ansia. Gli chiesi quanti dei pensieri, sentimenti ed emozioni di tutte quelle altre persone stava raccogliendo e pensando che fossero suoi. Mi guardò con occhi brillanti e disse: "Questo ha totalmente senso, lo sento così vero, anche se non ha un senso logicamente. È come se avessi fatto questo per tutta la vita, sentendomi male senza tregua. Qualsiasi cosa provassi, non potevo cambiarlo. Questa è un'informazione davvero fantastica."

"Sì" risposi "perché tu sei quello spazio: quello è il tuo stato naturale. Tutto il resto sono invenzioni di cui sei consapevole. Sono bugie e cose che non sono tue, quelle che non puoi cambiare."

"È come se tutta la mia vita stesse cambiando proprio adesso mentre parliamo di questo. Pensavo di essere ripugnante e malato mentalmente, e, wow, ora scopro che non lo sono."

Sei anche altamente consapevole di quello che sta succedendo alla Terra. Potresti aver notato tutti i cambiamenti che stanno accadendo nel mondo per quanto riguarda la Terra. Cambiamenti climatici e meteorologici. Chiedi a te stesso: "Quanto siamo consapevoli io e il mio corpo di quello che sta succedendo alla Terra?" Quanto ha alleggerito il tuo universo questo? Tu, il tuo corpo e la Terra siete connessi. Quando il tempo cambia, quante volte il tuo corpo è stato consapevole che il tempo stava per cambiare? Che sia "tempo psicologico" o tempo atmosferico, tu e il tuo corpo siete consapevoli di quello che sta capitando.

Tu ed il tuo corpo siete anche consapevoli di ciò che la Terra richiede da voi. Quando hai dolore nel corpo, chiedi se la Terra richiede qualcosa da te.

Ho lavorato con una donna che diceva di avere un problema di rabbia del quale le sarebbe piaciuto sbarazzarsi. Una delle cose che venne su durante le nostre sessioni fu la consapevolezza che lei aveva immagazzinato enormi quantità d'energia nel suo corpo; energia che aveva confuso e frainteso come rabbia da sopprimere. Quando abbiamo fatto la domanda "Cosa richiede la Terra da te?" tutto è diventato immediatamente più leggero. Le ho chiesto di mettere le mani in alto e raccogliere tutta l'energia che la Terra richiedeva da lei e dal suo corpo, e di mandare quell'energia alla Terra con uno scatto delle mani. L'ha fatto circa 20 volte e dopo era totalmente in pace. Si è resa conto che lei è spazio e pace. La rabbia era solo la Terra che le chiedeva un contributo e che lei aveva rifiutato di ascoltare.

Quando sei in una stanza dove delle persone hanno litigato ed entri, senza aver ricevuto l'informazione che delle persone avevano litigato proprio lì, sai che è successo qualcosa, sai che qualcosa è appena accaduto là dentro. Perché? Perché sei sempre consapevole dell'energia attorno a te!

Chiedere: "A chi appartiene questo?" serve a non doverti più bere ciò che non è tuo. Non devi più trasportare il fardello che non è mai stato tuo e puoi essere libero di iniziare a creare la tua vita nel modo in cui davvero ti piacerebbe che fosse.

Questo è uno strumento che insegno ai miei clienti di continuo, e coloro che scelgono di usarlo riferiscono quanto siano sorpresi di quanti dei loro problemi non fossero loro, e quanto stavano cercando di occuparsi dei problemi degli altri, rinchiudendoli nella loro testa e nel loro corpo.

Quanto stai cercando di guarire gli altri prendendo su di te i loro pensieri, sentimenti, dolore e sofferenza? Sta funzionando? O finisce sempre che ti senti male e l'altra persona crea nuovo dolore e sofferenza?

*Quale creazione del dolore e della sofferenza stai usando per validare le realtà delle altre persone e invalidare la tua realtà, che stai scegliendo?*

*Tutto ciò che è, distruggerai e screerai?*

*Giusto e sbagliato, bene e male, pod e poc, tutti e nove, shorts, boys e beyonds.*

Ogni volta che scegli dolore e sofferenza validi questa realtà e invalidi la tua. Non è giunto il momento di iniziare a scegliere te?

## Capitolo Nove

## Distrazioni—Rabbia e Colpa

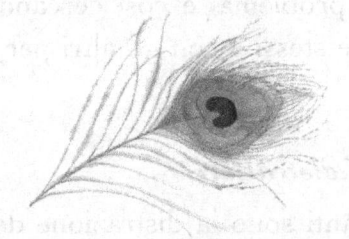

Rabbia e colpa sono "impianti distrattori". Ti mantengono intrappolato e ti dicono che non hai alcuna scelta. Sono le cose sulle quali le persone non fanno mai alcuna domanda. Suppongono che questo sia il modo in cui sia e debba essere la vita. La maggior parte delle persone è d'accordo e si allinea al fatto che la rabbia e la colpa siano reali e impiegano un sacco di tempo cercando di gestirle. Non chiedono mai: rabbia e colpa sono reali?

Cercare di gestirle o lavorare duro per tenerle sotto controllo non funziona dal momento che non sono reali. Non puoi cambiare ciò che non è reale ed è una bugia. "Impianti" sono tutto ciò con cui ti accordi e ti allinei e ciò a cui resisti e reagisci, e ad esso contribuisce la tua energia, rendendoli reali. Per esempio, se tu ed io facciamo una passeggiata e io dico: "Guarda quella persona, guarda la sua faccia, è terribilmente arrabbiata", (quando tutto quello che la persona sta per fare è starnutire), se concordi con il mio punto di vista e dici: "Sì, hai ragione, è terribilmente arrabbiata" sei appena stato impiantato con un punto di vista. Abbiamo appena inventato qualcosa che non è reale.

Gli impianti distrattori sembrano essere il problema, ma non lo sono. Molte persone hanno il punto di vista che la rabbia sia il problema, e così cercano di sviscerare la questione con se stessi e con gli altri per uscirne. Quanto funziona questo?

### Perché impianti distrattori?

Questi impianti sono la distrazione da quello che realmente sta succedendo. Distraggono dalla consapevolezza, dall'essere, dal sapere, dal percepire e dal ricevere quello che è possibile. Cercare di gestire o risolvere un problema o una questione che hai deciso di avere, ad esempio la colpa, non si fa cercando di affrontarla o gestirla. Quante volte questo ha funzionato per te? E quante volte la colpa è rimasta o è tornata indietro più e più volte? È come cercare una chiave in Svezia quando l'hai persa in Germania. Non la troverai mai in Svezia, anche se hai passato anni e anni a cercarla.

Gli impianti distrattori sono le bugie di questa realtà. Non puoi mai cambiare una bugia. Resterà sempre una bugia. È quando le persone ti dicono: "Questo, questo e questo è il mio problema", e lo scarrozzano in giro per le loro vite, dal momento che hanno deciso che quello è il loro problema. Sono d'accordo e si allineano a quel fatto (e contemporaneamente gli resistono e reagiscono) e scavano e scavano sempre più giù nel problema. Nient'altro, nulla di diverso e nulla di più grande può giungere alla loro consapevolezza.

Ho avuto una paziente che venne da me perché era convinta che il suo problema fosse la rabbia e che avrebbe dovuto lavorare duro per sbarazzarsene. C'erano molte persone che le dicevano quanto fosse una persona arrabbiata e che aveva realmente un grande problema che necessitava assistenza psicologica. Eccola lì, mentre mi guardava con risentimento e cercava di convincermi con tutte le sue forze di che persona arrabbiata fosse. Usò il corpo e la voce in una maniera che avrebbe dovuto indurmi paura.

Con la consapevolezza che la sua rabbia non era il problema, l'ho incontrata per la nostra prima sessione con tutte le mie barriere abbassate, senza concordare o allinearmi col fatto che la rabbia fosse il suo problema, e neppure resistendo e reagendo al suo modo arrabbiato di approcciarsi a me. Era sorpresa. Non aveva mai incontrato nessuno che non avesse alcun punto di vista e che fosse in totale allowance di lei, malgrado avesse deciso che persona terribile era. Il suo stupore sull'essere ricevuta nel modo in cui era, le ha fatto mettere in dubbio quello che stava succedendo e ha aperto una porta dalla quale potevo mostrarle una possibilità diversa.

Abbiamo iniziato il percorso portandola, in primo luogo, in allowance della sua rabbia, rilasciando i giudizi e la resistenza contro la sua rabbia. Questo ha cambiato il suo punto di vista e le ha permesso di lasciar andare il suo rendersi sbagliata. Si è aperto lo spazio dove ha avuto accesso a se stessa in un modo totalmente differente. Sotto la rabbia, che aveva reso reale per tutta la vita, c'era un'enorme potenza: una donna forte, creativa, che era stata resa sbagliata per tutta la vita per essere diversa e indipendente. Una volta che ha individuato la bugia chiamata rabbia ha potuto ricevere quello di cui è veramente capace e riconoscere il regalo che è. Quello che è venuto fuori dopo questo è stato davvero stupefacente: era totalmente diversa da quello che avrebbe mai potuto immaginare. Cambiò tutta la sua vita, la sua carriera, il suo modo di vivere e di essere.

Ogni volta che resistiamo, reagiamo, concordiamo, ci allineiamo, abbiamo qualsiasi punto di vista o giudizio su quel che è giusto o sbagliato, limitiamo la nostra consapevolezza su ciò che realmente sta succedendo e circoscriviamo le nostre capacità di cambiare quello che ci piacerebbe cambiare. Percepire tutto come solo un interessante punto di vista ti dà la libertà di te stesso. In realtà, tutto può essere giusto o sbagliato, visto che dipende da chi sta giudicando: cultura, età, esperienza passata, ecc. Vedere tutto come un interessante punto di vista permette che il rilassamento si mostri, e le cose che erano giudicate di valore e reali perdono il loro significato e la loro importanza.

Questo è lo spazio di allowance dove tutto è solo un interessante punto di vista, tutto è incluso e niente è giudicato. Da questo spazio, la mia cliente è entrata nella possibilità di ricevere se stessa e ha iniziato il percorso di diventare consapevole di chi è realmente e di che cosa è capace. Il processo di cambiare la sua realtà e creare una vita diversa è iniziato. Con ogni sessione ha incrementato la sua disponibilità a rilasciare le bugie della rabbia e delle limitazioni, si è aperta alle possibilità e ad essere grata per chi è. La gratitudine è uno stato rilassato dell'essere. È essere in allowance di quello che è ed era, e la gioiosa consapevolezza di quello che è possibile.

Così, al posto di avere l'obiettivo di gestire la rabbia, l'odio, la furia, la colpa e la vergogna nella tua vita, o in terapia, un approccio più efficace è essere in allowance di quello che è, e scoprire da cosa ci stanno distraendo questi impianti. Come può essere fatto questo? Essendo più di noi stessi, siamo il massimo invito affinchè gli altri siano di più di loro stessi. Sii te stesso e cambia il mondo.

Gli impianti distrattori sono progettati per controllare, imporre un punto di vista e limitare la possibilità di scegliere. Rabbia e colpa sono modi perfetti per controllare gli altri e per essere controllati dagli altri. Quando qualcuno incolpa qualcun altro per qualcosa, senza fare una domanda, di solito entrambe le persone funzionano dal pilota automatico: si sentono male e non c'è uscita.

Quando qualcosa come questa si mostra nella tua vita, sappi che quello che hai davanti a te è una bugia, una distrazione da ciò che è veramente possibile, dalla potenza, dal potere e dall'essere che sei veramente. Lasciar andare tutti gli impianti distrattori ti permette di avere facilità ed infinita scelta. Senza rabbia, colpa e vergogna, come possono controllarti gli altri?

Se noi tutti fossimo chi veramente siamo, questa realtà non dovrebbe necessariamente cambiare rispetto a ciò che è ora?

Chiedi a te stesso:

*Quale potere e potenza non sono disposto a essere e ricevere che sto nascondendo dietro alla rabbia?*

*Che cosa non sono disposto ad essere che sto nascondendo dietro alla colpa e alla vergogna?*

Fare queste domande ti fa sentire più leggero? Da qualche parte nel tuo universo si apre un sapere che esiste una possibilità più grande?

Ho lavorato con una giovane donna davvero bellissima che soffriva di rossore in faccia ogni volta che qualcuno iniziava a parlarle. Mi disse che gli uomini la bramavano ed era così imbarazzata che il suo viso arrossiva quando parlavano. Cercava di evitare il contatto visivo, ma ogni volta che gli altri la guardavano, se ne andava via piena di vergogna. Questo le portava tristezza e la sensazione di aver fallito. Era molto turbata da tutto ciò.

Così le chiesi: "Che cosa non sei disposta a essere e ricevere?" Mi ha guardato con sorpresa e ha detto: "Lussuria. E il fatto che gli uomini che mi guardano vogliano andare a letto con me."

"Quindi non sei disposta a ricevere l'energia che ti mandano?" ho chiesto.

"No" ha risposto.

"Stai innalzando una barriera rispetto a ricevere quell'energia?"

"Sì".

"Cosa sta succedendo qui? Che cosa non sei disposta ad essere?"

"Beh, non voglio essere una zoccola" ha risposto.

"Non essere disposta ad essere una zoccola ti fa innalzare le barriere per non ricevere quell'energia. Ti difendi da tutto quello che non sei disposta ad essere ed elimini il tuo essere dal ricevere quell'energia e le persone con quell'energia. Hai deciso che essere una zoccola è un'erroneità?"

"Oh sì."

"Lascia che ti faccia una domanda: 'Verità, permettere a te stessa di essere una zoccola sarebbe divertente per te?'" Ha iniziato a ridere senza controllo e il suo corpo si è rilassato. Questo era un *Sì* molto chiaro. "Non essere disposta ad essere quello che hai deciso che è sbagliato, è ciò che ti limita da quello che puoi essere e ricevere. Non si tratta di uscire e andare a letto con tutti: si tratta di permettere a te stessa di ricevere, di essere la "sexualness" (*n.∂.t.* sexualness è l'energia della vita, quello che senti nella natura. Nessun giudizio, il nutrimento, la cura amorevole, la guarigione, la creatività, l'eccitazione, l'espansività, la gioiosa e orgasmica qualità del vivere) che veramente sei, e divertirti, e godere di te stessa e degli altri che ti bramano. E quanto più denaro potresti creare permettendoti di ricevere tutto e tutti coloro che ti desiderano?"

Le ho chiesto di cogliere l'energia di essere una puttana e di ricevere la cupidigia che gli uomini le indirizzano, e di abbassare tutte le sue barriere e ricevere tutto questo, in tutta la sua intensità e in ogni cellula del suo corpo. Era sorpresa e felice di quello che è venuto fuori: la consapevolezza di quanta energia usava per assicurarsi di non ricevere quello che aveva deciso essere sbagliato. L'intensità di quello che era possibile essere e ricevere per lei e la felicità e la gioia che si sono aperte nel suo mondo erano incredibili. È sbocciata e ha iniziato a divertirsi quando le persone la guardano; ha ottenuto una connessione totalmente diversa col suo corpo, e non ha più un punto di vista sull'arrossire o meno.

Questi impianti distrattori sono quelli che ti distraggono da quello che davvero sta succedendo. Una volta che li individui, puoi identificarli come impianti distrattori e chiedere a te stesso se ti piacerebbe continuare a bere la bugia che hai un problema, o fare una domanda per cambiare quello che sta avvenendo. Gli impianti distrattori sono le risposte che ti conducono a un binario morto. Una risposta depotenzia, una domanda potenzia e apre porte a possibilità diverse.

La prossima volta che qualcosa è "pesante", chiedi se un impianto distrattore sta conducendo lo show della tua vita in quel momento. Dì mentalmente: "Tutti gli impianti distrattori che stanno conducendo lo show in questo momento e tutto quello che c'è sotto, distruggo e screo." Poi usa la frase di pulizia. *Giusto e sbagliato, bene e male, pod e poc, tutti e nove, shorts, boys e beyonds.*

In un qualche momento hai concordato e ti sei allineato, o hai resistito e reagito a questi impianti. Se l'hai fatto, hai anche la potenza di disfarlo. Chiedi a te stesso:

*Che cosa è davvero possibile oltre agli impianti distrattori?*

*Da quale essere e ricevere stai distraendo te stesso con gli impianti distrattori?*

*Quanta della tua potenza, dell'essere infinito che sei, della gioia e della facilità stai nascondendo sotto questi impianti per convincere te stesso che sei tanto normale e reale quanto hai deciso che dovresti essere?*

*Che cosa è possibile che tu sia e riceva che ancora non hai riconosciuto?*

Capitolo Dieci

# Difendersi—Tu Nella Tua Fortezza

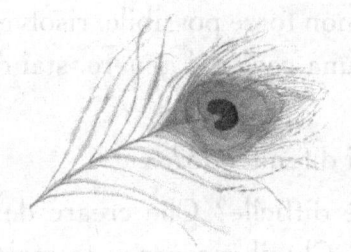

Difendere i punti di vista e la correttezza o l'erroneità di quello che le persone pensano e sentono rappresenta una grossa fetta di questa realtà. Nella maggior parte delle conversazioni ascolti te stesso e gli altri che difendono la propria posizione e il proprio punto di vista. Combatti per il tuo "essere nel giusto" per qualsiasi cosa hai deciso sia vera e reale. Non c'è libertà nel difendere. Ti mantiene in uno stato di costante giudizio e lotta. Ti mantiene impegnato e paranoico, in attesa dell'attacco.

Quali posizioni stai difendendo?

La posizione di essere una donna, un uomo, una madre, una figlia, una brava persona, una persona cattiva, una persona povera, una persona ricca.

*Che cosa hai deciso che sei, che continui a difendere come se questo ti desse alla fine te stesso?*

*Tutto quello che è, distruggerai e screerai? Grazie.*

*Giusto e sbagliato, bene e male, pod e poc, tutti e nove, shorts, boys e beyonds.*

Nel corso degli anni ho incontrato così tante persone che mi hanno raccontato i loro problemi, dicendo che gli sarebbe piaciuto risolverli, eppure continuavano a difenderli, ancora e ancora, tirando fuori tutti i tipi di ragioni e giustificazioni sul perché avevano dei problemi e sul perché fosse difficile, o non fosse possibile, risolverli. Tutte le volte che si presenta una cosa del genere, stai difendendo i tuoi problemi.

Cos'altro stai difendendo?

Che la vita è difficile? Che creare denaro con facilità non è possibile? Che il tuo corpo fa male man mano che invecchia? Queste sono tutte posizioni difensive.

In psicologia impariamo che la difesa è salutare e necessaria. Ci sono teorie su tutti i tipi di sistemi di difesa e di come possono essere dannosi, ma rappresentano anche un segno di adattamento. La domanda è: ti piacerebbe adattarti a questa realtà o ti piacerebbe essere te stesso, anche se questo non combacia con ciò che viene considerato normale in questa realtà? Adattamento o la libertà di essere te stesso?

La libertà di essere te non significa che sarai messo in un manicomio, altrimenti io sarei già stata rinchiusa. Invece ci lavoro e cambio la realtà essendo me stessa, oltre al concetto di adattamento di questa realtà. Come? Quando stai essendo te stesso, oltre al difendere chi sei, allora stai invitando il cambiamento, piuttosto che la lotta. Quando lavoro con i clienti, tutti sono invitati ad essere le possibilità che vanno oltre a questa realtà, senza essere forzati a cambiare. Questo è essere il catalizzatore per un futuro diverso.

Qualsiasi cosa tu stia difendendo diventa la limitazione che non puoi superare. Se hai deciso di dover andare a lavorare ogni giorno, e che non hai abbastanza denaro, difenderai questo punto di vista ogni singolo giorno, convincendoti che sei nel giusto col tuo punto di vista. "Vedi?? Altre fatture; vedi?? Nessuna vincita alla lotteria; vedi?? Non ho ottenuto quella promozione neanche quest'anno... ." o qualsiasi cosa sia per te.

*Passa in rassegna la tua vita. Dove stai difendendo le tue limitazioni che ti lascia nell'universo della "nessuna-scelta"?*

*Tutto quello che è, distruggerai e screerai? Grazie.*

*Giusto e sbagliato, bene e male, pod e poc, tutti e nove, shorts, boys e beyonds.*

Qualsiasi cosa tu difenda elimina scelta e possibilità. Qualsiasi cosa tu stia difendendo, non la puoi cambiare. Se stai difendendo i problemi col tuo corpo, o con i soldi, o con la depressione, o qualsiasi altra cosa che definisci come "problema", l'hai già creata così solida come un'invenzione, che stai difendendo quello stesso problema, e facendo così, la mantieni al suo posto, senza poter mai essere in grado di cambiarla. Uscire dalla posizione di difesa permette una possibilità diversa. Continua a far scorrere quel processo.

Non devi rivedere tutta la tua vita e analizzare tutti i punti nei quali sei in posizione difensiva; puoi semplicemente farti questa domanda:

*Quale posizione difensiva sto scegliendo, che potrei in realtà rifiutare, che se la rifiutassi, mi darebbe la libertà di essere me?*

Questo farà venire a galla tutti i posti e le aree nelle quali sei sulla difensiva, tutto quello di cui sei consapevole e tutto quello di cui non sei consapevole, tutto ciò che puoi definire a parole e anche tutte le limitazioni che non puoi verbalizzare. Semplicemente chiedi questa domanda e permetti all'energia di emergere; sarà automaticamente l'energia dello "stare sulla difensiva" che stai scegliendo da tutta la tua vita. E poi dì semplicemente:

*Adesso distruggerò e screerò tutto quanto.*

*Giusto e sbagliato, bene e male, pod e poc, tutti e nove, shorts, boys e beyonds.*

Fallo scorrere molte volte, per un paio di settimane, così da ripulire più strati possibili. Durante questo periodo diventerai più che mai consapevole di tutti i punti nei quali stai scegliendo di difendere una qualsiasi posizione. In tutti i tipi di situazione noterai quando e dove stai scegliendo di difendere. Una volta che ne sei consapevole, lo puoi cambiare. Per favore, non giudicarti solo perché noti tutti i punti nei quali stai scegliendo la difesa.

Quanto stai difendendo il fatto che hai un problema, così da essere considerato normale, perché non aver alcun problema è considerato come anormale e impossibile? Sei consapevole che in questo mondo le persone semplicemente presuppongono che sia normale avere un problema, e se non ne hai, fai in modo di creartene uno, per poter far parte della squadra dei "normali"? Lo vedo in continuazione con i miei clienti. Stanno sempre meglio, si godono l'esistenza, le cose iniziano a mostrarsi nel modo in cui hanno sempre sognato, e quando stanno per esplodere in qualcosa di ancora più grande, creano un problema di qualche tipo per difendere la posizione che "devi avere un problema per essere connesso a questa realtà normale". Devi essere connesso a questa realtà? O puoi esserne consapevole, includerla e creare la tua realtà?

Stai cercando di essere normale essendo bisbetico e avendo problemi? Essere normale è quando non sei costantemente felice ed esultante. Se fossi sempre felice ed esultante le persone ti chiederebbero se sei pazzo. Essere normale è rientrare nella deviazione standard, due deviazioni standard in positivo e due deviazioni standard in negativo. Questo è il modello statistico per la normalità, chiamato "curva a campana" o "curva di Gauss" (*n.d.t.* Nella teoria della probabilità la distribuzione normale, o di Gauss (o gaussiana) dal nome del matematico tedesco Carl Friederich Gauss, è una distribuzione di probabilità continua che è spesso usata come prima approssimazione per descrivere variabili casuali a valori reali che tendono a concentrarsi attorno a un singolo valor medio)

Il punto zero è dove si trova la maggioranza delle persone. Due punti (due deviazioni standard nella parte destra) indicano quando sei sopra la media. Due deviazioni standard nella parte sinistra indicano che sei sotto la media. Se rientri da qualche parte in questi parametri (felice sopra la media, o felice sotto la media) sei considerato normale. A molte persone piace giocare questo gioco. Se hanno avuto un periodo nelle loro vite nel quale erano felici sopra la media, notano che stanno uscendo fuori dalla scala, il che non è più normale. Così creano un problema, il che significa saltare al di sotto della media. E così creano un problema per pareggiare il successo che hanno appena avuto. Stessa cosa con i soldi, il business o qualsiasi altra cosa. Quello che abbiamo imparato è che: "Non si può essere troppo di successo. Aspettati il fallimento."

E se potessi essere fuori scala? E se potessi essere il "deviante totale" in tutte le aree della tua vita?

Ti stai difendendo dall'avere le cose troppo facili nella vita? Se adesso stai sorridendo, è senz'altro vero per te. I corpi sono incredibilmente consapevoli. Probabilmente non staresti leggendo questo libro se non fossi interessato e richiedessi più facilità.

Le persone creano problemi difendendo il passato e fanno lo stesso per creare il proprio futuro. Ogni volta che dici qualcosa tipo: "Nella mia ultima relazione sono stato tradito e così ho problemi a fidarmi delle persone", stai difendendo il passato per creare il tuo futuro. Niente di diverso o più grande può essere creato rispetto a quel passato che cerchi di superare.

Quanto stai cercando di dimostrare quanto sei carino e che non faresti del male a una mosca? Quanto del tuo tempo e della tua energia stai usando per sorridere e per censurare quello che stai per dire e fare, per dimostrare che sei un bell'essere umano? Questo è difendersi contro l'essere cattivo e perverso. Sei davvero cattivo e perverso, o a un certo punto della tua vita hai deciso che se le persone avessero scoperto quanto sei realmente strano, sarebbero scappate via urlando e tu saresti rimasto solo? Non è forse il momento di lasciar andare quel punto di vista malato? Distruggerai e screerai tutto questo? Grazie.

*Giusto e sbagliato, bene e male, pod e poc, tutti e nove, shorts, boys e beyonds.*

Ho incontrato molte persone che difendono la propria pazzia, perché l'hanno scelta. Puoi chieder loro della loro infanzia, e troverai ogni tipo di cosa che sembri una causa probabile al perché sono nel modo in cui sono. Ha davvero una qualche rilevanza? Tutte le motivazioni e le cosiddette cause sono le ragioni e le giustificazioni che difendono il punto di vista che le persone non hanno la potenza per scegliere qualcosa di diverso. Le persone che scelgono malattie e problemi lo fanno perché in qualche modo funziona per loro. Crea un luogo nel quale sanno chi sono; ha un valore che funziona per loro. Non c'è niente di sbagliato in questo. È semplicemente una scelta.

Avevo una paziente che dopo un paio di sessioni mi disse quanto era più felice adesso, che era consapevole di un milione di possibilità per il suo futuro, e che era ispirata a lavorare e fare quello che aveva sempre voluto fare. La sua vita ha iniziato ad espandersi molto rapidamente. Proprio appena stava per istituire la sua nuova realtà, ha scelto di diventare depressa e ha iniziato ad essere arrabbiata con me. Ne abbiamo parlato e ha capito di aver inventato la depressione e la rabbia per dimostrare a me e a se stessa che non ce la poteva fare. Le è diventato chiaro che stava difendendo la sua depressione e la sua malattia mentale. Essendone consapevole, non poteva più negare che aveva la scelta.

In psichiatria incontro molti pazienti che scelgono di essere pazzi. Di solito vengono solo per una sessione e non ritornano più. Come mai? Perché sanno che sto aprendo la porta allo spazio nel quale hanno scelta e dal quale non possono più negare che la loro pazzia e i loro problemi sono una loro creazione e, invece, preferiscono continuare ad essere pazzi. Di nuovo, si tratta semplicemente di una scelta.

E se potessi smettere di difendere i tuoi punti di vista e i tuoi giudizi? Quanta più libertà avresti? Preferisci avere ragione o essere libero?

Preferisci avere ragione ed essere credibile in questa realtà o avere la libertà di essere te stesso, anche se questo significherebbe perdere l'adeguarsi a questa realtà? Quanto saresti capace di creare quello che desideri realmente? Cosa stai scegliendo?

## Capitolo Undici

## I Tuoi "Disordini" Sono In Realtà Super Poteri?

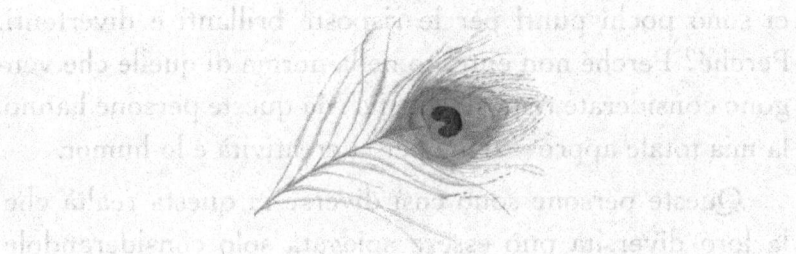

Nel corso degli anni e di svariati incontri con persone con OCD (disordine ossessivo-compulsivo), ADHD (disordine da deficit d'attenzione e iperattività), autismo, psicosi e bipolarismo, mi sono presto resa conto che il vecchio paradigma di considerare queste diagnosi come handicap non funzionava. In realtà mi metteva i paraocchi nel cercare l'erroneità nelle persone che incontravo. Non aveva senso per me. Incontravo queste persone, dalla genialità straordinaria, e la prospettiva che mi aveva dato la mia istruzione per gestirle, era quella di guardare a quello che non funzionava. Mi chiedevo come queste persone potessero essere considerate handicappate. E infatti la loro creatività fa impallidire qualsiasi test d'intelligenza.

Come psicologa faccio un sacco di test neuro-psicologici per ottenere più informazioni e trovare quali diagnosi hanno le persone. Si tratta di test standardizzati che descrivono quello che è normale (cioè da dove funziona la maggioranza della popolazione) e descrivono anche ciò che è al di fuori dello spettro della normalità. I test consistono in un mucchio di domande alle quali le persone dovrebbero rispondere, e se rispondono secondo quel che viene considerato giusto ottengono un punto, altrimenti no.

Lavorando con persone con OCD, autismo e ADHD è stato davvero impressionante vedere che risposte meravigliose e creative ricevo alle domande del test. Purtroppo ci sono pochi punti per le risposte brillanti e divertenti. Perché? Perché non entrano nella norma di quelle che vengono considerate risposte giuste. Ma queste persone hanno la mia totale approvazione per la creatività e lo humor.

Queste persone sono così diverse in questa realtà che la loro diversità può essere spiegata solo considerandole handicappate. Non entrano nei parametri di adeguatezza, il che significa che deviano da quello che è considerato normale. La loro differenza non ha un senso per le persone "normali". Non è abbastanza logica. Quindi la conclusione è: dev'esserci qualcosa di sbagliato.

Le persone con queste diagnosi apprendono presto che hanno qualcosa di sbagliato e che devono imparare ad adattarsi il meglio possibile. Oggi è molto comune che prendano farmaci per annullare quelli che vengono chiamati i loro sintomi e per renderli adeguati a questa realtà. Ogni volta che incontravo qualcuno che aveva assunto farmaci per i propri sintomi, si trattava di una persona più infelice di prima. Non aveva più una percezione di se stessa. Diceva di essere come in una bolla dalla quale non poteva uscire.

Essere riconosciuti per la loro grandiosità e rendersi conto che quelli che vengono chiamati sintomi sono in realtà una possibilità, ha fatto sì che la maggior parte dei miei pazienti abbia smesso di prendere farmaci e abbia imparato a usare la propria diversità a proprio vantaggio.

Ad esempio, un giovane uomo era stato diagnosticato con ADHD e OCD per il fatto che aveva un certo numero di rituali che compiva in un certo ordine ogni giorno e per tutto il giorno, così da mantenere la calma. Gli ci volevano secoli per andare da qualsiasi parte perché prima doveva completare i suoi rituali. Era molto turbato da questo e la sua famiglia si sentiva senza speranze. Non sapevano che cosa fare.

L'ho incontrato e mi ha raccontato tutti i modi nei quali pensava di essere sbagliato. Diceva che non avrebbe fatto niente della sua vita. A malapena usciva di casa a causa di tutti i suoi rituali (come lavarsi le mani dieci volte, camminare per casa e vestirsi in un certo ordine). Se faceva qualcosa in modo leggermente diverso, o se veniva interrotto, doveva rifare tutto finché non fosse perfetto.

Oltre a questo, era iperattivo. Gli avevano dato dei farmaci e molto presto aveva capito di non averne bisogno. Mi ha raccontato di quanto si era sentito potenziato e si era reso conto di quanto lui fosse fantastico e di quanta più potenza aveva rispetto a quelle pilloline. Si è dimostrata una delle persone più divertenti e creative che abbia mai incontrato. Ha iniziato una nuova formazione all'università e adesso lavora con i bambini. Lavorare in quell'ambiente così intenso e con un ritmo serrato si adegua perfettamente alla sua energia, e ora è felice.

Com'è cambiato dall'essere turbato a creare la propria vita?

Riconoscendo chi è veramente e smettendo di bersi la bugia che c'è qualcosa di sbagliato in lui. Invitando se stesso a sapere che sa. Ottenendo le informazioni di cui aveva bisogno ed imparando gli strumenti per usare i propri super-poteri a suo vantaggio.

Riconoscere chi realmente sei e di che cosa sei capace, funziona come una magia. Andare oltre all'erroneità di te stesso e comprendere che sei molto di più del casino che pensavi di essere, è ciò che ti permette di aprire la porta ad una possibilità totalmente diversa. È così che lavoro con i miei clienti: percepisco e so chi sono e di che cosa sono capaci al di là dell'erroneità che essi rendono reale.

Immagina di essere alla presenza di qualcuno che non ti giudica e non ha alcun punto di vista su di te o sul fatto che in qualche modo dovresti cambiare. Qualcuno che è consapevole del te che ancora non hai scelto di essere. Noti quanto questo rilassi te e il tuo corpo? È un po' come essere immerso nella natura, dove gli alberi e l'oceano sono lì per contribuire a te e al tuo corpo, senza alcun punto di vista sul fatto che dovresti essere diverso in qualche modo.

E se potessi essere questo per te stesso?

*Quale energia, spazio e consapevolezza potete essere tu e il tuo corpo che ti permetterebbe di essere lo spazio di cura amorevole che davvero siete?*

*Tutto quello che non permette a questo di mostrarsi, distruggerai e screerai per dioziliardi di volte?*

*Giusto e sbagliato, bene e male, pod e poc, tutti e nove, shorts, boys e beyonds.*

Fai scorrere questa frase di pulizia un paio di volte per ricordarti dello spazio che è possibile essere e ricevere per te.

## Cos'è l'ADHD?

L'ADHD (disordine da deficit di attenzione con iperattività) è un insieme di impianti che creano quelli che vengono chiamati sintomi dell'ADHD: iperattività e deficit di attenzione. Gli impianti sono tutto ciò col quale sei d'accordo e ti allinei e al quale resisti e reagisci, che creano tutti i punti di vista impiantati e le limitazioni. Questi impianti sono facilmente rimossi se (e solo se) la persona sceglie di rimuoverli. Puoi usare la frase di pulizia per questo.

Se la persona preferisce mantenere queste limitazioni perché le dà un vantaggio (gli altri si occupano di lei oppure le aspettative delle altre persone sono più basse), allora gli impianti non possono essere rimossi. È una scelta che la persona in questione deve fare.

La possibilità a disposizione, una volta oltrepassati gli impianti, è ricevere pienamente le capacità che offre l'ADHD. Le persone con questa diagnosi hanno un enorme potenziale nell'essere consapevoli ed essere in grado di avere più progetti in ballo contemporaneamente e occuparsi di tutti quanti con facilità. Ho avuto molti pazienti con ADHD che avevano uno o più business e li creavano con genialità ed enorme creatività. Per la parte di manutenzione del loro business, ad esempio la contabilità, richiedevano uno staff. Essere consapevoli dell'energia generativa e creativa che l'ADHD permette, ti invita ad essere quell'energia e usarla a tuo vantaggio. Sii consapevole di ciò che è divertente per te e di chi puoi aggiungere alla tua vita per prendersi cura delle cose con le quali non ti diverti o non hai facilità.

Molte persone con ADHD hanno un "agitoso" nella loro famiglia o fra i loro amici. Sono consapevoli della preoccupazione e pensano che appartenga a loro. Uno dei miei pazienti aveva una madre che si preoccupava eccessivamente per lui. Lui soffriva d'ipocondria, ma quando divenne consapevole che la sua costante preoccupazione di ammalarsi era in realtà quella di sua madre, l'ipocondria sparì.

Un suggerimento che viene dato alle persone con ADHD è quello di fare una cosa alla volta e finire un progetto prima di iniziarne un altro. Questo in realtà non funziona. Lo so perché ho avuto molti clienti con ADHD. Quello che invece funziona, è avere più cose possibili avviate. Questo si abbina con l'energia generativa e creativa che queste persone possiedono. Più cose hanno iniziate e più sono rilassate. Quando lasci andare il punto di vista che può essere troppo per te, allora puoi ricevere quello che è possibile per te. Il tuo punto di vista crea la tua realtà.

Guardare la TV o sentire musica, mentre guardi Facebook e le email, e contemporaneamente fare i compiti o scrivere una relazione, e fare una pausa per mangiare o parlare con un amico, può funzionare alla grande per persone con l'ADHD. Eppure, questo viene considerato sbagliato in questa realtà. Dovresti fare una cosa per volta e non avere troppa roba avviata, altrimenti ti stresserai. È vero questo? Ti fa sentire più leggero? Chiedi cosa funziona per Te? Che cosa sai Tu? E se quello che sai e quello di cui sei capace andassero oltre questa realtà?

### Cos'è l'OCD?

OCD, o disordine ossessivo-compulsivo, è la sigla che sta per una consapevolezza incredibile e la difesa contro la facilità dello spazio del percepire i pensieri, i sentimenti e le emozioni delle altre persone. Non bersi pensieri, sentimenti ed emozioni come se fossero tuoi e non avere un punto di vista su di essi, o cercare di fare alcunché con essi, ti permetterebbe di avere facilità con questo. Difenderti dalla tua consapevolezza crea una contrazione. Il punto di vista che molte persone hanno è che devono proteggersi da tutta l'informazione che ricevono. Le persone si danno molto da fare per sapere di meno.

OCD è avere rituali e routine che devono essere compiuti, e se vengono fatti male, devono essere rifatti di nuovo, finché la routine e il rituale non sono svolti perfettamente. È occupare se stessi con l'assumere determinati comportamenti per evitare di essere consapevoli. Non c'è bisogno che tu abbia una diagnosi di OCD per sapere di cosa sto parlando. Quante liste di cose da fare crei ogni giorno per evitare di essere e ricevere quello che è realmente possibile per te?

E se l'OCD in realtà non fosse un handicap, ma una capacità di intensa consapevolezza riguardo a questa realtà? Questo significherebbe un'abilità dell'essere consapevole di quel che sta succedendo negli universi, nei pensieri, nei sentimenti delle altre persone e delle loro emozioni. Non essere consapevoli degli stimoli che queste persone percepiscono, crea una sensazione di sopraffazione. Per poter funzionare in questa realtà, essi creano una strategia per cavarsela ed affrontare tutto quello di cui sono consapevoli.

In questa realtà non ci viene insegnato a ricevere semplicemente le informazioni e restare in allowance. Dobbiamo dare un senso a tutte le informazioni attorno a noi. Dobbiamo costruirci un'opinione, un punto di vista, capirle, giudicare quel che è giusto e sbagliato e giungere a delle conclusioni. Le persone con OCD sono molto consapevoli di questo. Il loro modo di funzionare in questa realtà, il loro modo di cavarsela con tutta l'informazione che ricevono, è facendo quello che stanno facendo tutti quanti. Ne risulta che giudicano quello che è richiesto fare, affinché tutto abbia un buon risultato. I rituali, la rigidità osservata nelle persone con la diagnosi OCD, vorrebbero essere un tentativo di assicurarsi di prendersi cura di tutto il caos e che tutto quanto sia sicuro. Il loro punto di vista è di assicurarsi di fare il rituale in modo giusto, assicurarsi che tutto vada bene e che nessuno si faccia del male.

Le persone con OCD sono anche estremamente consapevoli. Raccolgono i pensieri, sentimenti ed emozioni delle altre persone e dei dintorni, anche se queste persone sono fisicamente lontane da loro. Si bevono questi pensieri, sentimenti ed emozioni come fossero loro, pensando che tutto quello di cui sono consapevoli sia loro. Immagina di quanta informazione si tratta e che cosa crea il rendere tutto rilevante per te. Cercheresti un modo di dare un senso a tutto quanto, per trovare un modo di gestire tutta quell'informazione.

Uno strumento che puoi usare quando ti "senti" sopraffatto è farti questa domanda:

*È realmente rilevante per me questo?*

Solo perché raccogli informazioni da tutto intorno a te, non significa che tutto sia rilevante per te. È come guardare la TV e cercare di capire ogni parola che ogni persona dice, su ogni singolo canale. Sono solo informazioni, la maggior parte delle quali non ha niente a che fare con te. Un altro strumento di grande aiuto è la domanda:

*A chi appartiene questo?*

Per tutto ciò che è pesante, quando fai questa domanda, e diventa leggero, si tratta di un'indicazione che non è roba tua. Quando non si alleggerisce chiedi: "Ho creato questo come se fosse mio?" Se ottieni un "sì" allora dì:

*Tutto quello che è, ogni posto nel quale ho creato questo come mio, distruggo e screo tutto, per dioziliardi di volte.*

*Giusto e sbagliato, bene e male, pod e poc, tutti e nove, shorts, boys e beyonds.*

Una delle mie pazienti era stata depressa per molti anni; aveva provato tutti i tipi di farmaci e tutti i tipi di terapie e nulla poteva cambiare la sua depressione. Aveva smesso di parlare ed era ovvio che stava morendo. Stavo lavorando con lei ed un giorno è arrivata e mi ha guardato con un sorriso. Da anni non sorrideva. Mi ha detto: "Oggi sono felice, sono venuta da casa e ho capito che le cose che erano nella mia testa e le cose che mi rendevano pesante non hanno niente a che fare con me. Non sono io; non sono mai state mie." Da quel giorno in poi questa donna ha iniziato a creare la sua vita come mai prima di allora. Aveva un sacco di piani di quello che le sarebbe piaciuto esplorare e fare. Tutto da una piccola domanda.

Fare questa domanda ti permette, sempre e sempre più, di essere consapevole dello spazio che sei e di esserlo, non importa dove sei o con chi sei. Non devi più scegliere una strategia d'uscita che comprenda ritirarsi su un'isola deserta o meditare in una grotta per 20 anni per poter avere pace. Puoi averla ora, nel bel mezzo delle città più pazze e rumorose. E tu, essendo questo spazio, cambi le persone attorno a te. Nel diventare questo spazio, questa facilità e questa pace, proprie dell'essere te stesso, le persone attorno a te non possono più rimanere appigliate alla loro pazzia come invece potevano permettersi di fare quando tu giocavi ad essere folle insieme a loro. Oh che gioia! Immagina che mondo diverso potremmo creare tutti noi.

Che cosa stai facendo per non essere consapevole? Con che cosa ti stai tenendo occupato per evitare di essere, sapere, percepire e ricevere? Che cosa è veramente possibile per te e per la tua vita con la tua consapevolezza, che ancora non hai riconosciuto?

Essere consapevoli è ricevere tutte le informazioni da tutto e da tutti. Questo non è sempre confortevole. Sei consapevole della felicità, della tristezza e di tutte le altre cose dalle quali le persone stanno funzionando. Ma essendo cosciente e consapevole hai la possibilità di poter avere tutto quanto con facilità. Puoi ricevere tutte le informazioni e usarle a tuo vantaggio per creare la tua vita. Come? Smettendo di far finta che ci sia qualcosa di sbagliato in te. Riconosci che non c'è niente di errato e che le informazioni che stai raccogliendo sono solo un interessante punto di vista.

Preferiresti camminare in giro per il mondo bendato, evitando quello che sai e sperando, un giorno, di fare la cosa giusta, o preferiresti aprire gli occhi e ricevere tutte le informazioni per sapere dove puoi andare dopo per creare possibilità più grandi per te?

## *Che cos'è l'Autismo?*

Ci sono molti fraintendimenti e mancanza d'informazione riguardo all'autismo. L'autismo viene considerato un handicap in questa realtà. Il punto di vista è che ci sia qualcosa di sbagliato nelle persone autistiche.

E se non ci fosse nulla di sbagliato?

Lavorare con persone autistiche ha rivoluzionato tutto quello che avevo imparato nella mia formazione. Ero stupefatta riguardo alla mancanza di informazione e a quanto fossero imprecise le informazioni che mi avevano insegnato. Quello che ho trovato lavorando con persone autistiche è la possibilità e il contributo che le persone con l'autismo sono per questo mondo. Sono veramente diversi. Essere diversi non viene considerata una caratteristica di valore in questa realtà. Essere autistico significa essere estremamente differente nel modo di essere e di funzionare. Significa essere estremamente consapevoli di tutto e tutti attorno a sé, continuamente.

Le persone "normali" di solito hanno le loro barriere e difese innalzate. Il punto di vista è che esse ti proteggono da quello che succede attorno a te. Ti mettono al sicuro e ti danno un senso di te. Le persone con l'autismo non hanno queste difese.

Facendo domande ed esplorando cos'altro è possibile ho scoperto che la necessità di difese è un approccio alla vita che non funziona tanto bene. Non crea cambiamento e non rende le cose migliori. Difendersi ti mantiene in una costante modalità di attesa per l'attacco e il combattimento. Quando qualcosa non funziona, la guardo e faccio delle domande per ottenere più informazioni, per sapere cos'altro è possibile che funzionerebbe ancora meglio. Questo è essere pragmatico. (Oh, aspetta un secondo, questo libro è intitolato *Psicologia Pragmatica*!)

Avere delle difese innalzate, in realtà dà a noi stessi meno di noi stessi. Crea il punto di vista che sia possibile essere condizionati negativamente da altre persone e crea la necessità di difendere costantemente il proprio territorio e spazio personale.

Quanto stai difendendo il tuo spazio personale in ogni momento, come se questo fosse richiesto affinché tu sia al sicuro e abbia pace? Quanto sta funzionando per te? E quanto di questo ti fa sentire stanco e solo e non connesso alle altre persone, alla terra, alla natura e al tuo corpo? Prenderesti in considerazione una possibilità diversa?

*Tutte le necessità di barriere e di difesa, e tutti i punti di vista che hai creato che mantengono questo in esistenza, e tutto ciò con cui sei d'accordo e ti allinei, e al quale resisti e reagisci, distruggerai e screerai tutto quanto? Grazie.*

*Giusto e sbagliato, bene e male, pod e poc, tutti e nove, shorts, boys e beyonds.*

Abbassare le tue barriere ti permette di ricevere tutto ed essere connesso a tutto. Quando ho cambiato il mio punto di vista e ho lasciato andare la necessità delle barriere e mi sono permessa di essere vulnerabile, tutta la mia vita è cambiata. Ho capito quanta potenza c'è nell'avere le barriere abbassate. Ho avuto accesso a me stessa più che mai prima d'allora.

Quando lavoro con cantanti, attori e persone che desiderano che la loro voce venga sentita, spesso pratichiamo l'abbassare le barriere per permettere una connessione maggiore con il pubblico. Mentre permettono ad altri di vedere e avere esperienza del contributo che sono, i loro regali (quelli di chi parla/canta) vengono "ricevuti" meglio. La loro voce cambia istantaneamente, senza dover imparare alcuna tecnica. Sono presenti in quanto se stessi e tutti e tutto contribuiscono loro. Questo è un contributo che crea una possibilità diversa nel mondo.

Ho lavorato con una donna che diceva di essere spaventata di parlare in pubblico. Durante uno dei miei seminari è salita sul palco e la prima cosa che le ho chiesto di fare è stata di abbassare le sue barriere. L'ha fatto ed ha iniziato a scoppiare a ridere e provava gioia totale. Le ho chiesto di che cosa era diventata consapevole e lei ha risposto: "Mio Dio, ho sempre pensato che ero spaventata di essere vista e ascoltata, e che volevo semplicemente nascondermi dal mondo, e adesso mi rendo conto che tutto questo era una bugia e che amo parlare. E quel che pensavo fosse paura in realtà è eccitazione e gioia di essere vista e ascoltata."

Qualche tempo dopo la stessa donna mi raccontò di essere andata ad un grande evento di moda, di come avesse parlato davanti ad una audience enorme, di come se la fosse goduta, e come avesse permesso a tutto questo di cambiare il suo mondo. Tutto questo era risultato dall'abbassare le sue barriere e permettersi di ricevere se stessa.

*Cosa potresti scoprire di te, abbassando tutte le tue barriere e ricevendo te stesso?*

*Tutto quello che non ti permette di essere, sapere, percepire e ricevere questo in totalità, distruggerai e screerai tutto? Grazie.*

*Giusto e sbagliato, bene e male, pod e poc, tutti e nove, shorts, boys e beyonds.*

Essere connesso a tutto e tutti ti permette di ricevere tutta l'informazione che richiedi, sempre. Avere le barriere abbassate contribuisce all'energia di cui il tuo corpo ha bisogno. Ricevere tutto crea lo spazio nel quale il corpo richiede meno sonno e meno cibo. Le persone pensano che l'energia venga primariamente dal cibo e dal sonno. Davvero? Quante volte hai dormito e mangiato un buon pranzo ed eri comunque stanco? Quante volte hai mangiato e ti sei sentito più stanco dopo? Quanto spesso hai forzato il tuo corpo a dormire, avendo il punto di vista che questo è ciò che ti serve per poter avere l'energia di cui hai bisogno per cavartela?

*Tutto ciò che è, e tutti i punti di vista che hai riguardo alla necessità di sonno e cibo che scavalcano la tua consapevolezza, adesso distruggerai e screerai tutto? Grazie.*

*Giusto e sbagliato, bene e male, pod e poc, tutti e nove, shorts, boys e beyonds.*

Lasciar andare quei punti di vista ti permette di fare domande che ti danno informazioni su quello che tu e il tuo corpo veramente richiedete. "Corpo, ti piacerebbe mangiare adesso? Corpo, cosa ti piacerebbe mangiare? Quanto?" Il tuo corpo ti darà la consapevolezza di quello che richiede e quando. Il tuo corpo ti parla tutto il tempo. Una volta che inizi a fare domande e ad ascoltare, avrai più facilità nel sentire quello che ti dice.

Avere le barriere abbassate ti permette di essere la magia che sei veramente. Ti permette di essere e ricevere infinitamente. Quanto del tuo benessere finanziario stai diminuendo con le barriere che stai innalzando al ricevere? Sei consapevole delle barriere che hai su e non sai cosa lasciar entrare? Ti stanno proteggendo da tutto, perfino dai soldi. Non sanno che devono lasciar entrare nella tua vita tutti i soldi che desideri. *Tutto ciò che è, lo distruggerai e screerai? Grazie.*

*Giusto e sbagliato, bene e male, pod e poc, tutti e nove, shorts, boys e beyonds.*

Stai iniziando ad avere un senso di quali barriere hai creato nella tua vita? Sono basate sulla bugia che ne hai bisogno. Domanda: è vero questo? Questo punto di vista ti fa sentire più leggero? Crea di più nella tua vita o di meno?

Essere vulnerabile non è un'erroneità. È un "punto di forza". È essere e ricevere tutto, senza il punto di vista che qualcosa o qualcuno possa farti del male. È come essere un marshmallow (*n.d.t.* Caramella gommosa). Ogni cosa semplicemente rimbalza via. Avere le barriere alzate significa che c'è sempre qualcosa contro la quale combattere, il che richiede un sacco di energia. Non c'è nulla che possa farti male, a meno che tu non abbia il punto di vista che possa farlo. Di nuovo: il tuo punto di vista crea la tua realtà.

Essere vulnerabile e ricevere tutto non significa che devi incassare le cose o rimanerci attaccato, portarle a spasso o immagazzinarle nel tuo corpo. Significa che ne sei consapevole e le lasci passare attraverso di te, come il vento.

### *Che cosa ha a che fare tutto questo con l'autismo?*

La consapevolezza rispetto alle barriere ti dà una prospettiva diversa su come funzionano le persone autistiche. Ti invita ad un punto di vista differente nel quale essere consapevole di tutto e in continuazione non è un'erroneità, ma un "punto di forza".

Essere autistico è non avere alcun filtro e barriera rispetto a tutte le informazioni e alla consapevolezza. È un po' come non avere una pelle. È tutto lì.

Il punto di vista comune è che le persone autistiche hanno una mancanza di emozioni e sentimenti e che questo sia un handicap.

Quanto di più puoi essere e ricevere te stesso quando non stai pensando, sentendo e facendoti prendere dall'emotività?

Pensieri, sentimenti ed emozioni sono basati sulla polarità: bene e male, giusto e sbagliato. Sei sempre ad un polo o all'altro e non hai mai la libertà di essere.

Sei disposto a scoprire chi sei oltre ai pensieri, sentimenti ed emozioni? È una tale avventura. È il posto nel quale hai scelta, vera scelta.

Se la risposta è "sì" fai scorrere questa frase di pulizia il più spesso possibile:

*Quale invenzione stai usando per creare i pensieri, sentimenti, emozioni e turbamenti che stai scegliendo?*

*Tutto quello che è, distruggerai e screerai tutto? Grazie.*

*Giusto e sbagliato, bene e male, pod e poc, tutti e nove, shorts, boys e beyonds.*

Le persone autistiche percepiscono tutto in continuazione, il che significa che raccolgono informazioni, pensieri, sentimenti ed emozioni in continuazione e tutto quello che viene detto e non detto verbalmente.

Ho un amico che ha lavorato con una madre ed il figlio autistico; erano seduti in soggiorno quando il ragazzo ha guardato verso il frigo e -senza parole- ha fatto sapere alla madre che voleva del succo d'arancia. La madre aveva ottenuto l'informazione e si stava dirigendo al frigo quando ha chiesto -a parole- se volesse del succo d'arancia ed il ragazzo ha iniziato a urlare. Il mio amico ha chiesto alla madre: "Dimmi, adesso tuo figlio è frustrato perché sa che tu già sapevi quello che lui voleva e gli hai fatto una domanda su qualcosa che già sapevi?" "Sì" fu la consapevolezza. La domanda della madre aveva reso il ragazzo frustrato, dal momento che lei si era resa più lenta, fingendo di non sapere quello che sapeva.

Questo è un esempio di come funzionano le persone autistiche. Comunicano con le parole e senza le parole. Le parole non sono una necessità nel loro mondo e sanno che tu sai e sanno quando ti stai rendendo più lento e più stupido di quanto tu non sia, il che causa la maggior parte delle loro frustrazioni e sfuriate.

Interessante come quelle che sembrano sfuriate e turbamenti delle persone autistiche, in realtà non riguardino l'essere sbagliati, ma siano un modo di dirti qualcosa, darti un'informazione riguardo a una possibilità. E se lasciassimo andare la percezione che qualcosa sia sbagliato e ricevessimo la possibilità di quello che si nasconde dietro?

È luogo comune che l'autismo significhi una disabilità nella comunicazione. Quanto è incorretto questo punto di vista?

Comunichiamo tutti con e senza parole. Quante volte hai saputo chi ti stava chiamando prima di rispondere al telefono o controllare lo schermo? Quando stai pensando a una persona, quante volte questa persona sta in realtà pensando a te e richiedendo qualcosa da te e tu concludi che eri tu a pensare a lei?

Sappiamo così tanto più di quello che pensiamo. Pensare è semplicemente una forma minore di sapere. Sapere è più veloce e più agile. Stare con persone autistiche è incredibile ed è un modo fantastico di allenare il tuo sapere e la tua comunicazione oltre alla necessità delle parole.

Gioco con questo in continuazione nella mia professione. Ho un test psicologico che uso con i miei pazienti. Ci giochiamo su. Non è destinato a giocarci, dovrebbe anzi essere molto serio, ma questo non funziona per me. Adoro usarlo per potenziare le persone a riconoscere che sanno. Questo test è come un puzzle; c'è un'immagine alla quale manca un pezzo, ci sono cinque risposte da scegliere e una di queste è il pezzo che manca nell'immagine. Innanzitutto chiedo ai clienti quale sia il pezzo giusto, cioè chiedo loro di usare il loro cervello e di pensare per arrivare alla risposta giusta. Poi chiedo com'è andata, e di solito la risposta è che è stato un lavoro duro o che le loro teste o gli occhi facevano male per concentrarsi sull'immagine e trovare la risposta giusta. Poi lo facciamo di nuovo con un altro puzzle. Questa volta chiedo loro di non pensare e di usare il loro sapere e chiedere al puzzle quale pezzo è quello corretto, quello che manca.

Quel che risulta è che la maggior parte delle volte, la risposta che ottengono è quella corretta e sono sorpresi di quanto sia stato veloce e facile. Dicono che il loro cervello stava dicendo loro che non poteva essere così facile e veloce e che avrebbero dovuto pensare un po' di più per avere la risposta giusta. Quello che imparano è che possono fidarsi della loro consapevolezza. Poi facciamo un altro turno e nuovamente chiedo ai clienti di usare il loro sapere e dico loro che io terrò in testa la risposta corretta e loro dovranno semplicemente prenderla da lì. Questo è un modo divertente di esplorare come sia raccogliere i pensieri di qualcun altro. E funziona.

*Quali capacità hai di conoscere e raccogliere pensieri, sentimenti ed emozioni delle altre persone, che ancora non hai riconosciuto?*

*Tutto quello che non ti permette di essere, sapere, percepire e ricevere questo, distruggerai e screerai per favore? Grazie.*

*Giusto e sbagliato, bene e male, pod e poc, tutti e nove, shorts, boys e beyonds.*

Permetterti di sapere, aiuta molto quando stai comunicando con persone autistiche. Quando non fingi più di essere stupido, questo crea facilità e pace nel loro universo.

E se potessi prendere tutto ciò di cui sei consapevole e usarlo come contributo alla tua vita e al tuo corpo? Quanta più facilità creerebbe questo nella tua vita?

Una madre con la quale lavoravo aveva un figlio autistico e si lamentava che la mattina lui non fosse pronto in tempo. Usava qualunque strategia le venisse in mente per manipolarlo ad essere pronto, ma lui si rifiutava. Mi aveva chiesto aiuto e così le dissi di inviare telepaticamente delle immagini al figlio, come una proiezione veloce di quello che le sarebbe piaciuto che lui facesse e di come sarebbe stata la giornata. Lei non aveva mai provato una cosa del genere e non sapeva nulla del comunicare telepaticamente, così pensò che ci avrebbe almeno provato.

Non avendo niente da perdere e non sapendo davvero come avrebbe dovuto farlo, nella sua testa aveva solo delle immagini di come sarebbe dovuta essere la giornata e inviò il tutto al figlio. La donna fu sorpresa da non crederci di quanto funzionò bene. Suo figlio si rilassò e si preparò giusto in tempo per uscire. Hanno continuato a comunicare in questo modo e la loro relazione è migliorata notevolmente.

Le persone autistiche hanno capacità sbalorditive oltre a quello che questa realtà può afferrare o capire. Funzionano al di là della norma e totalmente al di fuori della scala di ciò che chiamiamo normale, e sono così diversi che l'unico modo di renderli comprensibili in questa realtà, è definendo l'autismo un handicap.

Questo si applica anche ad ADHD, OCD e le altre cosiddette diagnosi. Tutte queste diagnosi sono mutazioni delle specie in un diverso modo di funzionare che non ha senso per le persone che vogliono capire, sviscerare e spiegare quello che non capiscono e tutto quello che è diverso e che dev'essere per forza sbagliato. Interessante punto di vista. Perché la differenza dovrebbe essere sbagliata?

*Quale differenza sei tu e hai reso sbagliata che se la fossi, cambierebbe tutta la tua vita?*

*Tutto ciò che questo è, distruggerai e screerai? Grazie.*

*Giusto e sbagliato, bene e male, pod e poc, tutti e nove, shorts, boys e beyonds.*

Scrivo parecchio riguardo all'autismo, dal momento che, in psicologia, è uno dei fenomeni meno compresi, assieme alla schizofrenia e alle psicosi. E se al posto di etichettarlo come un'erroneità gli dessimo un'altra occhiata e chiedessimo: "Che cosa è realmente possibile qui? Cosa possiamo imparare che ancora non abbiamo riconosciuto?"

Le persone autistiche non funzionano da pensieri, sentimenti o emozioni: non hanno senso per loro. Pensare, sentire e farsi prendere dall'emotività sono le armoniche più basse dell'essere, sapere, percepire e ricevere. Pensare, sentire e farsi prendere dall'emotività è la versione contratta di essere, ricevere, sapere e percepire, dal momento che sono basate sulla polarità. C'è sempre un lato positivo e uno negativo. Questo non succede con l'essere, il sapere, il ricevere e il percepire; non si basano sulla polarità. È la maniera espansiva dalla quale possiamo operare.

In questa realtà abbiamo imparato che c'è un grande valore nel pensare, sentire e farsi prendere dall'emotività. Interessante: non si tratta esattamente di questo che causa problemi e ci blocca in una costante sofferenza? È piuttosto facile andare oltre al pensare, sentire e farsi prendere dall'emotività e funzionare invece dall'essere, ricevere, percepire e sapere. È più veloce e rende la vita un sacco più facile dal momento che non sei più l'effetto della polarità, quella buona e quella cattiva. Bene e male cessano di essere rilevanti, tutto è solo un interessante punto di vista e tu hai scelta.

Per le persone autistiche è molto difficile essere forzati a funzionare dalle armoniche basse di pensieri, sentimenti ed emozioni. È come forzare una grande palla rotonda in una piccola scatola quadrata. Il loro modo di funzionare dall'essere, sapere, percepire e ricevere li rende estremamente coscienti dei punti di vista delle altre persone. Sono molto consapevoli di tutte le informazioni attorno a loro, costantemente.

Non chiedete alle persone autistiche come si sentono. Se chiedete loro questo, faranno riferimento ai sentimenti di tutte le persone attorno a loro per immaginare come si suppone che si sentano. Chiedete loro di cosa sono consapevoli. Quando notate che si stanno contraendo e agitando, chiedete loro: "A chi appartiene questo? È tuo?"

Fare queste domande crea un grande rilassamento per loro, dal momento che sono potenziati a riconoscere che sono consapevoli e che quello di cui sono consapevoli non ha nulla a che vedere con loro stessi.

Questo non succede solo per le persone autistiche. Quanti dei punti di vista e problemi che ti metti sulle spalle ogni giorno in realtà non sono tuoi?

Saresti disposto a mollare tutto quello che non è tuo e restituirlo al mittente, senza aver bisogno di sapere chi sia? Grazie.

Lavoravo con un giovane con l'Asperger, un tipo di autismo, e non appena ha iniziato ad usare lo strumento del chiedere "A chi appartiene questo?" e "È mio questo?" per ogni pensiero, sentimento ed emozione che pensava appartenesse a lui, il suo intero mondo è cambiato. Mi ha raccontato quanta libertà questo ha creato per lui e che ha capito quanto è diverso, che non c'è niente di sbagliato in lui, e anzi, il modo in cui lui è, è un fantastico modo di essere.

Mi ha detto che è diventato cosciente del fatto che le persone "normali" creano un sacco di problemi con il loro pensare, sentire e attribuire così tanto significato a tutto quanto. Magari non saprà sempre che cosa è appropriato a livello sociale, ma adesso che non si rende più sbagliato, quando nota che le persone si turbano, semplicemente chiede: "Come stai? Cosa sta succedendo? Posso aiutarti in qualche modo?" La maggior parte delle volte questo toglie il vento in poppa alle persone arrabbiate.

Diceva che spesso si sentiva come un alieno, non capendo quale fosse il problema per la maggior parte delle persone e perché reagissero in certi modi, ma adesso non se ne preoccupa più. Si sente bene con se stesso e sa che è un contributo al mondo, semplicemente essendo chi lui è.

Questo è quello che rende il mio lavoro così divertente.

L'autismo è un livello di consapevolezza che non puoi spegnere, e quindi cerchi di trovare un modo di convivere con la pazzia della gente che, attorno a te, spegne la propria consapevolezza. Le persone autistiche non hanno l'interruttore per spegnersi. Spegnere la consapevolezza non ha senso nel loro mondo.

Coloro che sono autistici funzionali, il che significa che sono autistici e hanno imparato a sembrare normali e a vivere una vita "normale", cercano di capire dove hanno bisogno di mettere la loro consapevolezza in modo che questa funzioni per gli altri. Modificano se stessi. Ci vuole un sacco di energia e di sforzo per nascondere quello che sanno, perfino a se stessi, per adeguarsi alle realtà delle altre persone.

Riconoscere che questo è ciò che fanno, ogni volta che interagiscono con altre persone, crea una grande libertà e invita più scelta. La possibilità è quella di essere tutto te stesso con tutti e dire ciò che le altre persone possono ricevere. Non hai bisogno di dire quello che sai a persone che non possono riceverlo. Tutto quello che faranno sarà entrare in resistenza con te. Come dice il mio amico Gary Douglas: "Solo per te, solo per gioco, senza parlare neanche un poco."

Mai sminuire la tua consapevolezza a favore dei punti di vista delle altre persone. Tu sai ciò che sai, non importa quel che dicono gli altri. E se potessi ricevere quello che gli altri pensano e sentono come un interessante punto di vista e non renderlo reale o significativo e sapere quello che tu sai?

Ero all'aeroporto l'altro giorno, preparandomi per l'imbarco. Lo staff era parecchio nervoso e voleva che mi muovessi più velocemente. Per un secondo stavo per sbrigarmi e muovermi più in fretta e ho reso reale il punto di vista dello staff. Poi mi sono chiesta quello che sapevo, ho ricevuto la consapevolezza che avevamo tempo, ho riconosciuto il mio sapere e mi sono rilassata. Quel che si è mostrato è stato che anche lo staff ha iniziato a rilassarsi e tutto era a posto. C'era un sacco di tempo prima che l'aereo decollasse.

Riconoscere quello che sai, crea più libertà e facilità nella tua vita e nelle vite delle altre persone. È lo spazio nel quale non getti più via la tua consapevolezza a favore dei punti di vista delle altre persone.

### *Schizofrenia e Psicosi*

Schizofrenia e psicosi vengono considerate le malattie mentali più gravi. Si ritiene che debbano essere curate principalmente con farmaci. Non esiste una terapia tradizionale che possa curare schizofrenia e psicosi.

Le persone che hanno queste diagnosi sentono voci o vedono cose che gli altri non vedono. Di solito sono molto turbati da questo. Il punto di vista comune è che queste persone debbano essere malate e ci debba per forza essere qualcosa di sbagliato in loro. Questa è una risposta che non lascia spazio a nessun'altra spiegazione. Non meraviglia che non ci siano terapie che possano facilitare una possibilità diversa.

Per creare una realtà funzionale diversa per persone con queste diagnosi, dobbiamo iniziare con le domande. Che cos'è? Cos'è possibile con questo? Che cosa è richiesto per facilitare una possibilità differente per queste persone?

Ho visto pazienti con schizofrenia e con psicosi. Uno di essi era una giovane donna che aveva sempre sentito voci e visto persone che gli altri non vedono. Lei poteva vedere e ascoltare persone che erano morte e non avevano più un corpo. Poteva parlare alla propria nonna morta. Mentre cucinava, poteva sentire delle persone che le toccavano la spalla e desideravano parlarle.

Il problema era che pensava di essere sbagliata e malata e che avrebbe dovuto amputare il sapere di ciò di cui era capace. Quando mi ha raccontato delle voci e di quel che vedeva, cosa per la quale le ci è voluto un sacco di coraggio, le ho chiesto se aveva un talento e un'abilità di essere cosciente degli esseri senza corpo, che non aveva riconosciuto. Ha sorriso, ha iniziato a ridere e lei e il suo corpo si sono rilassati. Il suo intero universo si è alleggerito e come mai prima d'allora, ha aperto la porta all'accedere a se stessa e a quello di cui è capace. Ha lasciato andare il punto di vista che ci fosse qualcosa di sbagliato ed era in grado di esplorare e godersi i suoi talenti. Non richiedeva più la psichiatria.

La maggior parte delle persone che lavorano con pazienti diagnosticati con psicosi e schizofrenia, sono consapevoli da qualche parte che questo è quello che sta succedendo, ma non si permettono o non osano mai riconoscerlo, dal momento che va totalmente oltre quello che è normale.

È arrivato il momento di essere coraggiosi e vedere quello che realmente sta succedendo, piuttosto che inseguire la chimera di quello che è "normale" o provato scientificamente? Se non possiamo aiutare le persone e cambiare quel che sta avvenendo per una cosa più grande ancora, quanto sono validi i modelli e le teorie che ci hanno insegnato? Se non funzionano, fai una domanda. Se non funzionano, chiedi ed esplora una possibilità diversa. Sii pragmatico. Sii sveglio. Sii coraggioso abbastanza da guardare oltre alla norma.

Seguire quello che dicono gli altri, quel che dice la scienza, quel che dicono le teorie, è mantenere lo status quo e quello che le persone pensano stia succedendo. Riconoscere ciò che veramente sta accadendo ha il potenziale di creare possibilità che potenziano le persone nel riconoscere il loro sapere. Ha il potenziale di creare un mondo diverso e un futuro sostenibile.

### *Entità*

Lavorando in psichiatria, questa è una cosa che si mostra tutti i giorni, che tu stia lavorando con persone diagnosticate con schizofrenia e psicosi o meno. Le entità, esseri senza corpo, ci parlano in continuazione. Molte persone finiscono in psichiatria perché sono consapevoli delle entità e non è stato insegnato loro come gestirle. Non appena imparano a gestire quello di cui sono consapevoli, le diagnosi e la malattia mentale non sono più rilevanti. Hanno un senso di pace e facilità con ciò di cui sono consapevoli.

In molte situazioni inesplicabili nelle quali le persone hanno dei crolli improvvisi, puoi chiedere se ha qualcosa a che fare con le entità. Le persone che assumono droghe, bevono un sacco o scelgono l'inconsapevolezza, danno in affitto il proprio corpo e le entità possono entrarci e prendere il sopravvento.

Recentemente il fratello di una donna con la quale lavoravo mi ha chiamato e mi ha detto che sua sorella è improvvisamente del tutto diversa: chiama le persone e dice loro cose strane e sta seduta in casa non sapendo che cosa fare. Mi ha chiesto di darle un'occhiata.

Quando sono andata a casa sua a trovarla lei mi ha aperto la porta e la sua espressione complessiva era confusa e letteralmente non era se stessa. Mi sono seduta e le ho chiesto cosa stava accadendo. Le ho chiesto se le sarebbe piaciuto rilasciare qualsiasi cosa fosse che non le permetteva di essere se stessa in quel momento. Lei ha detto di sì ed era veramente un sì. Spesso le persone dicono sì al rilasciare, e quello che intendono è no.

Mentre parlava, mi sono connessa energeticamente alle entità nel suo corpo e le ho rimosse. Mi ha guardato, ha sorriso e mi ha ringraziato. È venuto fuori che aveva sempre queste entità nel corpo, ma qualcosa le innescava e questa volta scelse di lasciarle andare via. È venuta in ufficio il giorno dopo totalmente cambiata, essendo nuovamente se stessa.

Se avessi fatto della normale psicologia, lei sarebbe stata trasferita in ospedale per un trattamento ambulatoriale e avrebbe ricevuto dei farmaci. Cosa avrebbe creato questo per lei?

Quel che ho fatto era strano e bizzarro, ma ha funzionato. Questo è essere pragmatici: fare ciò che funziona.

Alcune persone sono dei cosiddetti portali, il che significa che sono una grande porta aperta per le entità. Questo è il caso degli schizofrenici. Hanno scelto, a un certo punto, di essere dei portali. Le entità passano attraverso di loro come macchine in autostrada. Puoi vederlo quando parli ad una persona e improvvisamente sembra come se parlassi a qualcun altro e poi, pochi momenti dopo, c'è ancora qualcun altro. Se la persona sceglie di lasciare andare l'essere un portale, è molto facile e veloce chiuderlo. Anche gli edifici possono essere dei portali. Esistono posti nei quali improvvisamente diventi molto frastornato o noti qualcosa di strano. Solo leggendo questo, sei consapevole dell'energia della quale sto parlando.

Chiedi a te stesso quanti dei pensieri nella tua testa sono proprio tuoi. Quando hai difficoltà a decidere cosa fare e c'è una vocina che ti dice di andare in questa direzione e un'altra vocina che vuole che tu vada in un'altra direzione o le voci ti parlano dandoti del "tu", chiedi a te stesso: "Si tratta di entità delle quali sono consapevole?" Come fai a sapere se si tratta di entità? Chiedi: "Verità, sono consapevole delle entità?" Un "sì" o un "no" ti fanno sentire più leggero? Quello che ti fa sentire più leggero, è vero per te.

Le entità amano vivere nei corpi delle persone. È molto comune per una o più entità essere nel corpo di una persona. Non è una cosa terribile. Le entità non sono più potenti di te. Tu sei quello col corpo, comandi tu!

### *Come rimuovi le entità?*

Connettendoti alle entità che ti piacerebbe rilasciare e usando questa frase di pulizia:

Verità chi siete, verità chi eravate prima di questo, verità chi eravate prima di questo, verità chi eravate prima di questo? (Dici questo finché l'energia cambia.)

*Verità chi sarai nel futuro? Grazie, adesso puoi andare.*

*E tutte le impronte magnetiche nel corpo, le distruggo e screo.*

*Giusto e sbagliato, bene e male, pod e poc, tutti e nove, shorts, boys e beyonds.*

Chiedendo: "Chi eravate prima di questo? Chi sarete nel futuro?" sbloccate le entità dalla loro posizione nel tempo. Le impronte magnetiche sono le impronte che le entità hanno creato stando nel tuo corpo.

## Bipolare

Il bipolare aveva un nome diverso in passato ed era chiamato maniaco depressivo. È quando le persone hanno episodi depressivi (basso) ed episodi maniacali (alto).

Quando lavoro con persone che sono state diagnosticate con bipolarismo, mi chiedo sempre: "Verità, si tratta realmente di bipolarismo?" Molte volte il mio sapere dice che non è bipolarismo, anche se la persona ne è stata diagnosticata. Sono semplicemente persone che sono state incomprese e che sono state più felici della norma. Essere troppo felici fa sì che le persone si chiedano cosa tu abbia che non va.

*Quanto stai trattenendo la tua gioia e felicità per non sembrare pazzo o essere "troppo"?*

*Tutto ciò che è questo, distruggerai e screerai tutto? Grazie.*

*Giusto e sbagliato, bene e male, pod e poc, tutti e nove, shorts, boys e beyonds.*

So che questo è così semplicemente facile: fare una domanda per scoprire quello che veramente sta succedendo, piuttosto che bersi la conclusione che qualcun altro ha creato, dando al paziente una diagnosi. I periodi bassi, o depressione, molte volte sono la consapevolezza della densità delle altre persone e di questa realtà. Così tanti dei clienti che incontro sono semplicemente consapevoli di quello che sta avvenendo nel mondo, e se lo bevono come se appartenesse a loro, lo creano come loro, e si rendono l'effetto di questo. Usare lo strumento "A chi appartiene questo?" crea un grande cambiamento, dal momento che riconoscono che la tristezza che pensano appartenga loro, in realtà non ha niente a che fare con loro.

In una sessione puoi cambiare la vita di qualcuno. Solo facendo domande e riconoscendo quello che è.

Quel che ho scoperto coi clienti che sono stati diagnosticati con bipolarismo -chiedendo ed ottenendo un "sì" alla domanda: "È bipolare?"- è che il cliente sta creando un universo conflittuale, il che significa che sta vivendo costantemente in un mondo o in un altro. Una delle mie clienti aveva un universo conflittuale con la propria sessualità: voleva fare un sacco di sesso e al contempo ne era disgustata e voleva essere una suora.

Il bipolare crea costante separazione volendo essere qua e non volendo essere qua, volendo avere un corpo e non volendo avere un corpo. Nei periodi di "alta", dove tutto è super-fantastico, le persone si sentono come se finalmente fossero se stesse. E sì, in qualche modo sono la gioia che davvero sono e, nel contempo, creano quella gioia come uno stato, un posto nel quale devono andare per raggiungere quella gioia, piuttosto che essere un riconoscimento pacifico ed oltre ogni dubbio di chi già sono. Facilitare il cliente ad essere, sapere, percepire e ricevere: questo può creare un enorme cambiamento.

La gioia non è uno stato verso il quale andare o da raggiungere. È ciò che noi già siamo. Quando inizi a riconoscere questo non c'è bisogno di lavorare duro per diventare gioioso o cercare di sentirsi bene o dimostrare a te stesso che sei felice. Lasci andare la parte maniacale della felicità e diventi felice con grande pace. La vera felicità è la consapevolezza che ci sono sempre possibilità espansive.

In campo psichiatrico c'è molta mancanza di chiarezza riguardo a ADHD e bipolarismo. Esistono alcune somiglianze. Entrambi i gruppi di persone sono molto consapevoli e hanno dei picchi in su e in giù che vanno oltre alla norma. Quello che ho scoperto è che definire una diagnosi non è davvero rilevante, dato che di solito questo è un modo per trovare una risposta. Piuttosto, aiuta avere la consapevolezza di ciò che sta succedendo con ogni persona individualmente e in che modo la persona sta creando la propria limitazione. Principalmente riguarda gli universi conflittuali, oppure non sanno come gestire la propria consapevolezza, o entrambe, oppure qualcos'altro?

Le domande ti porteranno a sapere quello che sta accadendo e alle scelte che sono disponibili e che creano un futuro diverso.

## Capitolo Dodici

# Uscire dall'Abuso

Molte persone hanno avuto esperienza dell'abuso, in una forma o nell'altra. Abuso sessuale e verbale sono ciò che la maggior parte delle persone prende in considerazione; ma esistono così tante altre forme di abuso che ci infliggiamo ogni giorno, come l'eccessivo pensare. Usare il tuo cervello più di quanto sia richiesto per assicurarti di fare la cosa giusta e non quella sbagliata; mangiare più di quanto il tuo corpo richieda e non chiedere se, cosa e quando al tuo corpo farebbe piacere mangiare; vivere secondo le risposte di questa realtà, piuttosto che dal fare domande.

Qual è il tuo strumento di tortura preferito da usare su te stesso e sul tuo corpo tutti i giorni? Prenderesti in considerazione l'idea di rilasciarlo e scoprire una maniera diversa di intrattenere te stesso? Quanto stai usando tutte queste modalità di abuso per mantenerti occupato, per adattarti, per essere come tutti gli altri, per non essere tanto potente quanto sei veramente, per distrarti dal creare la tua vita autentica?

*Tutto quello che ciò è, distruggerai e screerai tutto per favore? Grazie.*

*Giusto e sbagliato, bene e male, pod e poc, tutti e nove, shorts, boys e beyonds.*

L'abuso è un po' lo stato operativo in questa realtà. Che cosa intendo? Facciamo un piccolo esperimento: stiamo parlando di psicologia. Che cosa sarebbe la psicologia senza esperimenti?

Il mio genere di psicologia è più del tipo "esperimento di gioco". Ci stai?

Richiama l'energia dell'abuso, il che significa permetterti di fare il download di ciò che è l'energia dell'abuso. Non hai bisogno di visualizzare o fare alcunché per questo, semplicemente percepisci quello che è l'energia dell'abuso. Cogli come senti quell'energia nel tuo corpo. Dove ti stai contraendo proprio ora? Dove ti senti teso? Quanto spazio hai in questo momento?

Adesso, senti quanta di questa energia è l'energia di questa realtà, dove tutto gira intorno alla conformazione, essere nomali, avere ragione, essere come tutti gli altri, fare la cosa giusta, vivere la vita giusta con il lavoro giusto e l'uomo o la donna giusti e la giusta somma di denaro, evitando di essere sbagliati ed evitando di perdere? Di quanta contrazione sei consapevole, proprio adesso nel tuo corpo?

Benvenuti in questa realtà signore e signori. E se vi fate avanti adesso, riceverete una sentenza nella prigione di questa realtà, tutto quanto al prezzo di te. Sto scherzando... o forse no.

*Quanto devi abusare e torturare te stesso per essere in grado di fare parte e di farti sentire che appartieni a questa realtà?*

*Tutto quello che ciò è, puoi distruggere e screare per favore? Grazie.*

*Giusto e sbagliato, bene e male, pod e poc, tutti e nove, shorts, boys e beyonds.*

Adesso rilascia l'energia dell'abuso e tutte le persone alle quali ti sei appena connesso per sapere che cos'è l'abuso. Grazie.

Sei più rilassato da quando hai lasciato andare quell'energia? Questo esercizio ti permette di vedere che sei così consapevole delle energie in continuazione, e che puoi riceverle in ogni momento, e poi lasciarle andare senza sforzo o forzatura, solo scegliendolo. Più giochi con questo, più sarà facile.

La prossima volta che sei in presenza di questa energia di abuso, che sia sotto forma di una persona o di una situazione, dì a te stesso: "Ah, ecco di nuovo quell'energia; cosa mi piacerebbe scegliere adesso?" Non ti renderai più automaticamente l'effetto di essa, dal momento che sei consapevole di ciò che è. La consapevolezza di quello che sta accadendo è ciò che crea una possibilità diversa per te.

Una volta ero in una relazione con un uomo che mi diceva quanto mi amava e adorava, e di come io fossi la cosa migliore che gli fosse mai capitata; solo che ogni volta che diceva questo mi sentivo nauseata, pesante e molto arrabbiata. Per un po' ho reso me stessa sbagliata per il fatto di non essere felice quando dichiarava il suo amore per me. Come posso arrabbiarmi così tanto mentre lui mi dice quanto mi ama? Quanto sono sbagliata, terribile e fredda?

Dopo un po' di questa tortura, sono finalmente diventata abbastanza furba da usare i miei strumenti. Così ho chiesto: "Cosa sta succedendo? Di che cosa sono consapevole qui, che ancora non ho riconosciuto? Quali bugie, dette o non dette, si nascondono qui?" Chiedere quale sia la bugia, è una domanda fantastica per quando sei arrabbiato.

Non ci è voluto molto perché ottenessi l'informazione (da un altro amico) che il mio compagno (che mi diceva quanto mi amasse) avesse in realtà un grande rancore per me e per quello che stavo facendo nel mondo. Quando ho ottenuto questa informazione, mi sono sentita di nuovo super leggera e la rabbia è sparita. Quello di cui ero diventata consapevole, era che tutte le volte che lui mi diceva quanto mi amava e mi arrabbiavo, sentivo che stava mentendo e che non mi amava per niente, ma mi giudicava per il mio stesso essere. Questa consapevolezza ha creato così tanto spazio per me e mi sono chiesta: "È questo il tipo di persona con la quale mi piacerebbe stare? Chi e cos'altro posso scegliere, che espanda il mio mondo?"

La consapevolezza di quello che sta succedendo, senza renderla sbagliata, crea possibilità e scelta.

### *Abuso - Sei un guaritore?*

Avevo una cliente che aveva problemi nel creare relazioni che le funzionassero e aveva difficoltà a godere del suo corpo e del sesso. Durante le nostre sessioni, per la prima volta in vita sua conobbe un uomo che era gentile con lei, che la trattava con riguardo, e lei e il suo corpo riuscirono a rilassarsi. Mi disse che era pronta a guardare cosa stava succedendo con il suo corpo e guardare le sue difficoltà rispetto al godere nel sesso.

Le feci qualche domanda riguardo a quando erano iniziate le difficoltà e mi ha detto che iniziarono da quando era stata violentata da giovane adolescente. Dopo questo non le era più piaciuto il sesso e aveva repulsione del proprio corpo. Le chiesi quanta della rabbia del violentatore aveva bloccato nel suo corpo e aveva trattenuto da allora. Era come se il suo intero universo fosse esploso quando le feci questa domanda. Disse: "Mio Dio, questo è quello che ho fatto per tutto questo tempo."

Parlammo di quanto odio avesse quest'uomo per le donne e le chiesi se voleva guarire questo in lui. Rispose: "Questa è una delle domande più strane in assoluto, ma mi fa sentire incredibilmente più leggera." Divenne consapevole che con la scelta che aveva fatto, aveva chiuso il circolo di abuso che quest'uomo aveva perpetrato.

Una domanda che puoi fare è:

*Quale consapevolezza e quale forza avevo al momento dell'abuso, che non ho ancora riconosciuto?*

Il punto di vista di essere la vittima l'aveva bloccata e non permetteva al suo corpo di godere l'essere toccato, limitando la sua capacità di ricevere, il che si rifletteva anche sulla sua situazione finanziaria. Divenne consapevole delle sue capacità di guarigione, che aveva usato contro se stessa. Divenne consapevole di tutte le persone attorno a lei che avevano rabbia, furia e odio come modalità primaria di funzionamento. Sapeva di avere l'abilità di estirparla dagli universi e dai corpi di queste persone e, non riconoscendo quello che stava facendo, l'aveva rinchiusa nel suo corpo.

Quando abbiamo fatto domande rispetto a quello che davvero stava succedendo, poté espandere la sua consapevolezza e sapere di avere delle capacità di guarigione che adesso può usare a suo vantaggio. Dopo le nostre sessioni mi ha raccontato quanto tutto questo avesse cambiato la sua intera vita e il suo corpo. Il suo ragazzo le disse che non sapeva cos'era successo, ma anche il suo modo di essere con il suo corpo e il sesso era cambiato interamente.

Ho condiviso quest'esempio dal momento che ha molti aspetti che puoi utilizzare. Quanto sei un guaritore e, per tutta la vita, hai sottratto il dolore e la sofferenza dagli universi e dai corpi delle altre persone? In questo momento, è una cosa che ti fa sentire più leggero? Il tuo corpo si rilassa? Hai appena fatto un respiro profondo o singhiozzato? O questo ha forse cambiato qualcos'altro per te?

Questi sono indizi che c'è qualcosa a questo riguardo che è vera per te. Quando vivi la tua vita sottraendo continuamente il dolore e la sofferenza dagli universi e dai corpi delle altre persone, senza esserne consapevole, ti tiri fuori dalla scelta e rendi te stesso l'effetto delle cose che succedono attorno a te. Dopo esserti reso conto di ciò di cui sei capace, puoi usarlo a tuo vantaggio e iniziare ad impiegare quella capacità per creare la tua vita, anziché abusare di te stesso.

Mi succedeva di sentirmi ubriaca tutte le volte che andavo in giro per locali. La testa mi girava vorticosamente e mi sentivo ubriaca fradicia senza nemmeno aver bevuto un sorso di alcool. Finalmente chiesi al mio corpo cosa stava capitando, di che cosa era consapevole e quali capacità avesse il mio corpo che io non avevo ancora riconosciuto. (Tutte fantastiche domande tra l'altro, che ti raccomando di fare al tuo corpo.) Quello che imparai è che il mio corpo ha la capacità di estirpare l'alcol dai corpi delle altre persone. Una volta diventata consapevole di questo, chiesi al mio corpo di non farlo continuamente o, se l'avesse fatto, che fosse leggero e facile per me. Dal quel momento in poi non ho più avuto alcun problema a stare intorno a gente ubriaca. Se io scelgo, posso dissipare l'alcol dai corpi delle altre persone, o posso non farlo. Adesso è una scelta.

*Di che cosa siete capaci tu e il tuo corpo che non hai riconosciuto, che se lo riconoscessi, ti darebbe la totalità di te?*

*Tutto ciò che non ti permette di essere, sapere, percepire e ricevere questo, distruggerai e screerai tutto? Grazie.*

*Giusto e sbagliato, bene e male, pod e poc, tutti e nove, shorts, boys e beyonds.*

Quando sei consapevole dei tuoi talenti e delle tue capacità puoi iniziare ad usarli a tuo vantaggio, piuttosto che essere la vittima di tutto ciò che non sei stato disposto a sapere riguardo a te stesso.

Tutte le volte che rendi qualcun altro o qualcos'altro più potente o di valore rispetto a te, abusi di te stesso. Quanto spesso giungi alla conclusione che qualcun altro ne sappia più di te e crei così delle giustificazioni basate sull'educazione di quella persona o sulla sua posizione in società? "Oh, si tratta di un dottore, deve saperne più di me."

*Quale creazione di te stai usando per subordinare, assolvere e risolvere la tua consapevolezza e scelta a favore delle realtà delle altre persone, che stai scegliendo?*

*Tutto ciò che è, distruggerai e screerai? Grazie.*

*Giusto e sbagliato, bene e male, pod e poc, tutti e nove, shorts, boys e beyonds.*

Tutte le volte che dici che qualcun altro ne sa di più, spegni la tua consapevolezza e limiti te stesso e la tua vita.

Riconoscere che sai ed essere consapevole di ciò di cui tu e il tuo corpo siete capaci, ti porta fuori dall'abuso e apre le porte alla scelta infinita.

Benvenuto all'avventura chiamata Te.

## Capitolo Tredici

## Depressione - La Grandezza di Te

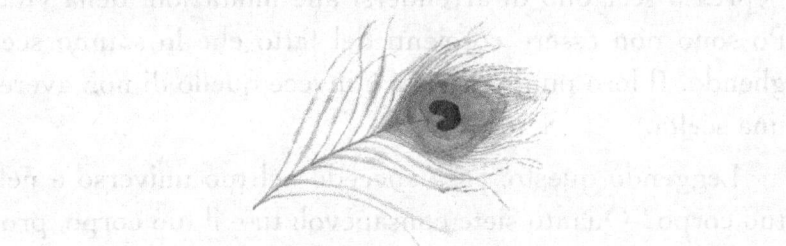

"Finché respiri, puoi ricominciare", è una canzone che sto ascoltando mentre scrivo questo capitolo. Così vero.

La depressione è una delle ragioni principali per cui le persone cercano assistenza psichiatrica o psicologica. La maggior parte delle persone, in qualche momento della loro vita, è stata depressa. È lo stato nel quale si ha il punto di vista che più niente sia gioioso e che nulla possa cambiare. Le persone dicono di non avere neanche energia per fare un passo per creare qualcosa di diverso.

I miei clienti spesso dicono di essere vittime della loro depressione, di aver provato di tutto e che niente è servito, e che sono troppo stanchi per riuscire a cambiare il loro stato. Ogni tanto incontro clienti che sono così depressi da aver smesso di parlare.

Essere depressi è un modo di morire lentamente. È lo stato nel quale si rinuncia e ci si arrende alle limitazioni di questa realtà. Un lento suicidio. Come posso dirlo? Beh, chiedi a te stesso, la depressione è qualcosa che ti sopraffà o le persone scelgono di essere depresse? Sì, stanno scegliendo di essere depresse. È una modalità passiva di esistere ed è una scelta attiva, anche se non consapevole. Le persone depresse scelgono di arrendersi alle limitazioni della vita. Possono non essere coscienti del fatto che lo stanno scegliendo. Il loro punto di vista è invece quello di non avere una scelta.

Leggendo questo, cosa succede nel tuo universo e nel tuo corpo? Quanto siete consapevoli tu e il tuo corpo, proprio in questo momento, dell'energia della depressione? Si tratta di un'energia familiare per te? Adesso, al posto di contrastarla e cercare di fermarla, abbassa tutte le tue barriere, ancora e ancora di più, e sii totalmente presente con quest'energia; datti solo un attimo e sii presente con quest'energia. Adesso intensifica l'energia ancora di più, e sii presente con questa per un attimo, un minuto, qualche minuto, o anche un po' di più.

Che cosa è cambiato?

Ti suggerisco di scrivere quel che è cambiato per te dopo essere stato presente con l'energia della depressione per un po'. Noti che hai reso questa energia più potente di te? È solo un'energia. Quanto è reale la depressione, e quanto reale l'hai resa concordando e allineandoti al punto di vista che questa sia reale?

E se la depressione non fosse altro che un interessante punto di vista?

L'energia della depressione è forse un'energia familiare per te ed è forse l'energia che chiami "la tua vita"? Hai definito quest'energia come chi tu sei? Di nuovo: il tuo punto di vista crea la tua realtà. Se definisci l'energia della depressione come chi sei, stai creando te stesso come depresso. Dì a te stesso: "Interessante punto di vista che ho questo punto di vista" più e più volte.

Le persone cosiddette depresse, di solito, raccolgono la tristezza degli altri e cercano di prenderla e rinchiuderla nei propri corpi. Diventare conscio del fatto che sei consapevole della tristezza delle altre persone può cambiare un sacco di cose per te.

La depressione non deve apparire in un certo modo. Ogni tanto le persone appaiono felici e sembrano felici, ma non lo sono; in realtà sono tristi e tu ne sei consapevole. Quanto sovente hai reso te stesso sbagliato quando le persone appaiono felici e sorridono molto, e tu sei consapevole che in realtà non sono felici, pensando che ci dovesse essere qualcosa di sbagliato in te per il fatto di essere consapevole della loro infelicità?

E quanto pensi, quindi, che questa infelicità sia tua, rendendoti sbagliato per essere infelice in loro presenza, quando si direbbe che sono così "felici". Sei semplicemente cosciente di quel che sta davvero avvenendo mentre guardi le loro facce che fanno finta di essere felici. E se non fossi tu quello infelice?

Tu e il tuo corpo raccogliete l'infelicità attorno a voi, e se non fate domande, vi bevete la bugia che sia vostra. Pensi di essere tu l'infelice, e dici a te stesso che sei infelice, e poi cerchi delle prove per dimostrare che quel punto di vista è reale, tipo: "Vedi, sono corrucciato, il che significa che sono infelice. Vedi, ho le lacrime agli occhi, il che significa che sono triste." Potresti chiedere: "A chi appartiene questo? Sono realmente io ad essere infelice, o sono consapevole dell'infelicità di qualcun altro?" La maggior parte delle volte stai raccogliendo l'infelicità di altre persone, pensando e concludendo che sia tua.

Quando chiedo ai miei clienti se nella loro infanzia avevano attorno qualcuno che era depresso e triste, la maggior parte risponde "sì" e alcuni dicono "no". Fare più domande crea la consapevolezza che in realtà c'era qualcuno che era infelice, ma che appariva felice, e faceva finta di esserlo. Riconoscere il fatto che erano consapevoli dell'infelicità attorno a loro mentre crescevano, e che questa non appartenesse loro, alleggerisce incredibilmente i loro universi.

Le persone passano le proprie vite cercando di rendere gli altri felici, prendendo su di sé la loro infelicità e rinchiudendola nel proprio corpo, facendola propria. Quanto stai facendo questo in continuazione e con tutti quanti? È questa l'energia che usi per creare la tua vita? Questo non ha niente a che fare con te o col creare quello che realmente ti piacerebbe. È come creare te stesso attraverso le realtà delle altre persone. È difendere e salvare le realtà delle altre persone e non creare la tua.

Non c'è bisogno che ti giudichi per averlo fatto. Quanto puoi essere grato per esserne divenuto consapevole adesso? Sapere che questo è quello che stai facendo la maggior parte del tempo, ti dà il regalo della scelta. Ora puoi, in ogni momento della tua vita, essere consapevole del fatto che ti stai bevendo o meno le realtà delle altre persone, come se fossero tue, e le stai guarendo, senza che loro siano interessati al cambiamento. Puoi anche solo essere consapevole di quello che sta avvenendo attorno a te, non avere alcun punto di vista su questo e iniziare a creare la tua vita.

Hai un unico problema: di base sei una persona felice, ma lo stai tenendo segreto a tutti, incluso te stesso.

Essere consapevoli dell'infelicità delle altre persone, e cercare di guarirla, non è una limitazione: è una capacità che hai. Riconosci la grandezza di te, di quanto sei consapevole e della tua abilità di essere felice. Questo ti fa sentire più leggero? Ricorda che quello che ti fa sentire più leggero è vero per te. Solo perché senti qualcosa, questo non la rende reale. Tu presumi che tutto quello di cui sei cosciente sia un sentimento che provi, e che sia tuo, in modo da poter essere come tutti gli altri, infelice e normale come tutti gli altri. Quanto è divertente questo?

Tutto è una scelta. La depressione è una scelta. Se stai scegliendo di essere depresso, lo stai facendo perché ti rende più felice rispetto a scegliere di essere felice.

Non mi ero resa conto di questo per tantissimo tempo. Cercavo di renderlo logico, solo che non lo è. Ho sempre pensato di dover lavorare su tutti i miei "problemi" rispetto all'essere felice. Pensavo che la felicità fosse qualcosa che avrei ottenuto una volta che avessi risolto tutti i miei problemi, e quando avessi capito perché sono infelice e tutte le ragioni dell'infelicità. Solo che si sono mostrati sempre più problemi da risolvere, dal momento che avevo deciso che il mio lavoro fosse quello di risolvere i problemi per me e per gli altri. Scegliendo questo come mio lavoro, sono venuti fuori ulteriori problemi, in modo che io potessi tenermi il mio impiego. Ora questa è una scelta interessante.

Adesso sto cambiando questo e mi chiedo: "Come posso usare quello di cui sono consapevole come una fonte di gioia? Cos'altro posso scegliere adesso, che cambierebbe tutto quanto?"

Essere infelici e depressi è una scelta, e non c'è niente di sbagliato in questa scelta. È qualcosa che funziona per la persona, per qualsivoglia ragione. Riconoscere che si tratta di una scelta, crea lo spazio dal quale puoi cambiare la tua scelta, in qualsiasi momento.

La felicità è lo stato naturale che puoi scegliere, quando non scegli contro te stesso.

Essere felici è essere te.

Se sei felice, sei lo spazio dove la magia può mostrarsi, dove tutto e tutti possono contribuirti. Ti stai rendendo conto che non puoi essere solo. Tu stai essendo la vibrazione che permette a più di te stesso e a più felicità di mostrarsi.

Potresti dire che non sai come essere felice, o come cambiare la tua vita. Non si tratta del come. Scegliere qualcosa di diverso, esigendo che la tua vita cambi, è ciò che cambia tutto quanto.

E se iniziassi ad esigere da te stesso di essere e ricevere qualcosa di più grande, proprio in questo momento?

### *Tu hai scelta in ogni momento*

Tu stai scegliendo in ogni momento. Sii consapevole del fatto che hai scelta in qualsiasi cosa tu faccia, anche se si tratta di camminare fino al frigo e scegliere di tirar fuori una coca. Non devi scegliere; hai la possibilità di scegliere! È un tuo privilegio quello di scegliere. La scelta è la creazione della tua realtà. Inizia a scegliere in incrementi di dieci secondi. Adesso che cosa stai scegliendo? I dieci secondi sono finiti. Adesso che cosa stai scegliendo?

Non si tratta di quello che è giusto o di ciò che sia meglio scegliere. Riguarda scegliere, qualsiasi cosa essa sia. Nessuna scelta è migliore di un'altra; sono semplicemente scelte diverse. Devi farlo per capire di che cosa sto parlando.

Vai fuori e scegli. Annusa un fiore. I dieci secondi sono finiti, adesso cosa stai scegliendo: continuare ad annusare o qualcos'altro? Fallo per un po', così da diventare consapevole del fatto che hai scelta, e che tutto quello che fai e sei è solo una scelta, e non è giusto o sbagliato. Questo ti permette di venire fuori dal luogo nel quale hai deciso che non hai la capacità di scegliere. Scegliere è creare, e crea il movimento nella tua vita che conduce a più gioia e a tutto ciò che desideri.

*Quale energia, spazio e consapevolezza potete essere tu e il tuo corpo che ti permetterebbe di essere la gioia della scelta e della creazione che davvero sei?*

*Tutto ciò che non permette a questo di mostrarsi, distruggerai e screerai? Grazie.*

*Giusto e sbagliato, bene e male, pod e poc, tutti e nove, shorts, boys e beyonds.*

## Capitolo Quattordici

# Uomo Morto Che Cammina (Zombie)

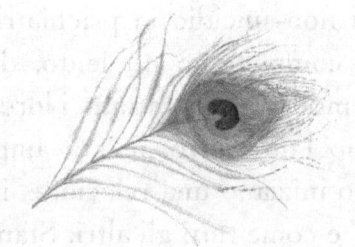

In psichiatria molte persone hanno dei pensieri relativi al morire e al togliersi la vita. Alcuni cercano di suicidarsi. La psichiatria in Svezia ha una cosiddetta "tolleranza zero per il suicidio", il che significa che nessun suicidio dovrebbe avere luogo ed i professionisti (siano essi dottori, terapisti o impiegati nel sociale) dovrebbero mirare a far sì che i propri pazienti non commettano suicidio. Di base si tratta del punto di vista che il suicidio sia sbagliato e un fallimento, sia per quanto riguarda il paziente, che per quanto riguarda il professionista. Esistono punti di vista simili anche in altri paesi.

Vivendo in questo mondo, lavorando in psichiatria e guardando come funzionano le persone, mi sono sempre chiesta quanto le persone stiano veramente vivendo. Molte semplicemente esistono: fanno praticamente la stessa cosa ogni giorno, come se fossero in modalità pilota automatico, come se questo fosse tutto quello che c'è. I loro corpi sono stanchi e le loro teste sono colme fino all'orlo di giudizi e conclusioni.

Che cosa ha a che fare questo con l'essere vivi? Non si avvicina di più all'energia del morire una morte lenta, un lento suicidio? Avendo concluso cosa è possibile, e cosa non è possibile, e proiettando questo nel futuro, quante persone sono in realtà zombie? Dov'è finito il vivere? Dov'è finita l'avventura?

Parliamo del non-suicidio in psichiatria, mentre ovunque le persone commettono un lento, doloroso suicidio ogni giorno: nel modo in cui trattano i loro corpi, nel modo in cui si trattano l'un l'altro, in cui amputano tutto ciò che sono quando iniziano una relazione, in cui cercano di essere "normali" e come tutti gli altri. Stanno concludendo che cosa sarà, piuttosto che fare una domanda su che cosa potrebbe essere.

Le persone che cercano di suicidarsi spesso sono quelle che agiscono di più rispetto alle persone attorno a noi, che semplicemente tirano avanti ed esistono, cercando di essere normali e provando a sopravvivere. Sì, sopravvivere. Quante persone conosci che fanno qualcosa di più che sopravvivere e fanno quel tanto che basta per tirare avanti e nulla più?

Potresti rattristarti leggendo questo, poiché questa prospettiva non combacia col punto di vista di questa realtà. E se non ci fosse alcuna erroneità in niente? E se non fosse sbagliato voler semplicemente tirare avanti, o cercare di suicidarsi, o cercare di vivere?

E se questo riguardasse semplicemente te che diventi consapevole di cosa stai creando nella tua vita, e potessi scegliere cosa ti piacerebbe realmente?

Come sarebbe se uscissi dal morire per accedere al vivere e al prosperare?

Tutto è l'opposto di quello che sembra e niente è l'opposto di quello che sembra.

Che cosa stai scegliendo? Sopravvivere o prosperare?

## Capitolo Quindici

## Vuoi Davvero Cambiare?

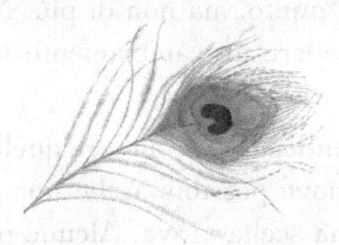

Ed ora, la parte per quelli davvero coraggiosi.

Quante volte hai detto che volevi il cambiamento, hai provato tutti i tipi di tecniche e poi, dopo poco tempo, sei finito sulla vecchia strada di sempre e negli stessi vecchi schemi? La domanda è: hai realmente chiesto un cambiamento, o semplicemente vuoi un cambiamento?

Se guardi in un dizionario pubblicato prima del 1920 "volere" significa essere carenti di. Allora, desideri realmente un cambiamento e lo scegli realmente, o ne vuoi (sei carente di) uno?

Sento così tanti miei clienti dire che vogliono cambiamento, e la maggior parte di loro non è disposta ad averne uno reale. Vero cambiamento significa qualcosa di totalmente diverso; rendersi conto che la vecchia maniera di fare le cose non funziona, ed essere disposti ad abbracciare qualcosa di totalmente diverso. La maggior parte delle persone vuole una versione diversa della stessa vecchia cosa.

Non c'è assolutamente alcuna erroneità in questo. Questo è il modo che ci hanno insegnato.

Abbiamo imparato che le cose sono nel modo in cui sono: comportamenti, relazioni, le persone; sì, tutto in questa realtà è così com'è, ed è possibile cambiare tutto quanto fino ad un certo punto, ma non di più. Non abbiamo mai imparato a richiedere un cambiamento reale o una realtà diversa.

"Diverso" significa lasciar andare quello che non funziona e aprirsi a nuove possibilità che non esistevano prima. È una scelta. Una scelta attiva. Alcune persone aspettano un sacco di tempo prima di arrivare a cambiare quello che non funziona per loro. Aspettano finché non si sentono davvero male, finché i loro corpi fanno male, finché sono così arrabbiati o così tristi da rendersi conto che qualcosa deve cambiare.

Qualcosa deve cambiare. Questa è la richiesta con la quale inizia il cambiamento. Tu sei al posto di comando. Tu sei il comandante della tua nave. Aspettare che il semaforo diventi verde, o che qualcuno lo faccia per te, implica attendere un sacco di tempo. Funziona davvero per te? L'aspettare è realmente il tuo miglior talento e abilità? O è il momento che tu chieda una possibilità diversa?

Guarda le persone che ottengono tutto quello che desiderano. Dicono forse: "Oh, potrei per favore, magari, avere questo?" o forse esigono che qualsiasi cosa desiderino si mostri? Lo stanno esigendo con tutto il loro essere, e si aspettano sempre che questo si mostri. Che cosa ci vorrebbe affinché tu scegliessi di essere l'energia dell'esigenza e che tu scegliessi di ricevere?

Sì: il ricevere ricopre un grande ruolo in questo gioco. Quanto ti hanno fatto il lavaggio del cervello con le idee che ci vuole un sacco di tempo per il cambiamento, che è un grande lavoro, e che sei una persona che non può avere tutto quello che desidera? Sono forse queste le tue idee o punti di vista delle leggi immutabili (non-modificabili) di questa realtà che ti hanno propinato per tutta la vita? "Tutto è com'è, tutto rimane uguale e il cambiamento è una minaccia".

E se non ci fosse niente di sbagliato in questo? E se fosse solo affinché tu possa riconoscere che questa realtà e la tua realtà sono diverse? Cosa ti fa sentire più leggero? Il fatto che tutto rimanga come sempre, con impercettibili variazioni, o che tu possa creare e goderti la tua realtà come desideri e dove tutto quanto si può cambiare? Che cosa sai?

Non ti ho chiesto che cosa pensi, che cosa dice il tuo cervello. Ti ho chiesto che cosa sai. Quello che sai è molto più veloce della capacità del tuo cervello di processare informazioni. Ti chiedo ciò che hai sempre saputo fosse possibile, ma non hai mai permesso a te stesso di essere, perché hai avuto persone attorno a te che ti hanno detto che non è possibile. Toglierti tutti questi punti di vista (tutti i punti di vista delle altre persone e di questa realtà sul come e sul perché le cose non sono possibili) ti permette, per la prima volta in vita tua, di ricevere. Di ricevere ciò che è davvero possibile per te.

Chiedi e riceverai. Fai una domanda e permetti a te stesso di ricevere. Chiedi all'universo di mostrarti ciò di cui sei davvero capace. Chiedi più facilità e più gioia nella tua vita. Chiedi che la tua situazione economica cambi, e chiedi che cosa ci vorrebbe perché questo avvenga. Chiedi delle relazioni e del sesso divertenti. Chiedi al tuo corpo di cambiare, e goditelo.

Quando chiediamo qualcosa di diverso, si mostra nel modo in cui si mostra, e quando decide di mostrarsi. Appare sempre diversamente da come pensi che lo avrebbe fatto. Se si mostrasse nel modo in cui tu pensi che avrebbe *dovuto* farlo, non si tratterà di una possibilità diversa, ma sarà un piccolo cambiamento di qualcosa che già hai nella tua vita; si tratterà di qualcosa che il tuo cervello può calcolare e proiettare nel futuro. Sarebbe come una visualizzazione, il che significa che non può mai essere una cosa più grande della capacità del tuo cervello di immaginarla.

Chiedere una possibilità diversa significa chiederla, lasciar fluire e permettere all'intero universo di contribuire a te in modo che questa possibilità si mostri in modo addirittura più grande di quanto tu potessi mai immaginare. Ti interessa?

L'unica cosa richiesta è di rilasciare tutti i tuoi punti di vista sul come e sul quando dovrebbe mostrarsi e riceverla quando si mostra. Dico riceverla e intendo riceverla. Molte persone giudicano ciò che l'universo regala loro: non è abbastanza buono o non è come si aspettavano che fosse. Nessuna aspettativa, nessun giudizio e nessun calcolo ti permettono di ricevere realmente.

Il prossimo ingrediente della ricetta del cambiamento è essere grati per ciò che si mostra, in qualsiasi modo e momento arrivi. La gratitudine è essere in totale allowance di tutto quanto. Quando sei grato, non giudichi. Quando sei grato ad una persona, le permetti di essere ciò che è, senza aspettarti che cambi. Quando sei grato per ciò che stai ricevendo e per ciò che stai creando, sei il contributo affinché queste cose diventino ancora più grandi. Da questo spazio di gratitudine, dall'essere grato per ciò che è, puoi chiederne ancora. Chiedi:

*Adesso cos'altro è possibile?*

*Come può essere ancora meglio di così?*

CAPITOLO SEDICI

# Esaurito o Attizzato?

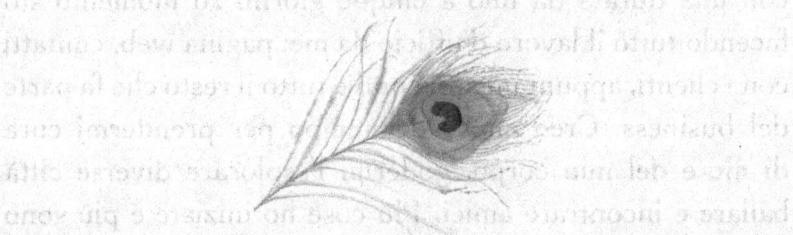

"Oh mio Dio, ho così tante cose da fare, sono talmente stressato, penso di essere sull'orlo di un esaurimento nervoso." Ascolto così tante persone parlare di quanto hanno da fare e quanto poco tempo a disposizione abbiano per fare quello che hanno deciso di dover fare, e quanto questo li stia stressando, e quanto si sentano male. Suona familiare anche solo qualcuna di queste cose?

Quello che abbiamo imparato è che c'è un certo numero di cose che si possono fare, e se ne facciamo di più allora ne stiamo facendo troppe, stancandoci, e alla fine ci ammaleremo. Dove sia quel limite, è diverso per ognuno.

Dove hai impostato il tuo limite? Quanti progetti puoi avere iniziati, prima che tu decida che è troppo?

È una cosa reale, oppure è il punto di vista che le persone creano, che dice loro quando è abbastanza?

Prendi me ad esempio: lavoro come psicologa clinica in psichiatria. Incontro dei pazienti per sessioni private e conduco sessioni di gruppo in clinica, facendo dei test neuropsicologici. In contemporanea gestisco un business a tempo pieno che include viaggiare e facilitare dei seminari con una durata da uno a cinque giorni. Al momento sto facendo tutto il lavoro d'ufficio da me: pagina web, contatti con i clienti, appuntamenti, conti e tutto il resto che fa parte del business. Creo anche del tempo per prendermi cura di me e del mio corpo, godermi l'esplorare diverse città, ballare e incontrare amici. Più cose ho iniziate e più sono rilassata. Ho sempre pensato che funzionasse esattamente al contrario. Pensavo che se avessi avuto un sacco di cose in ballo sarei stata stanca o esaurita.

Le volte in cui ho rallentato me stessa e ho cercato di avere in ballo tanto (o poco) quanto le altre persone, ero molto stanca e frustrata.

Adesso chiedo sempre: "Chi e cos'altro posso aggiungere alla mia vita?" Più aggiungo, più ho progetti in corso e più ho energia. Perché? Avere un sacco di cose in ballo si abbina alla mia vibrazione e mi stimola ad essere creativa.

Com'è per te? Hai riconosciuto quello che davvero funziona per te e il tuo corpo, o ti stai bevendo i punti di vista degli altri rispetto a quello che è o non è possibile?

Hai mai avuto un progetto nel quale eri così ispirato che ci lavoravi su tutto il giorno e dimenticavi di mangiare? Non mangiavi perché il tuo corpo non lo richiedeva. Il tuo corpo riceveva l'energia di cui aveva bisogno dall'energia che generavi lavorando a qualcosa che era divertente per te. È come avere un motore che gira e gira, senza fermarsi. Esiste il punto di vista, là fuori, che questo sia pericoloso. Non è pericoloso fintanto che ascolti te stesso e il tuo corpo.

Fino a che sai quando è il momento di continuare a lavorare, quando è ora di farsi una corsa o una passeggiata nella natura, quando è ora di dormire e di mangiare.

Il tuo corpo sa che cosa richiede e te lo dirà quando inizierai a chiederglielo. Ciò che ti fa sentire leggero è giusto. Non c'è niente che tu possa sbagliare in questo gioco. Inizia a scegliere qualcosa, e vedi come va; sii consapevole di te stesso e se è leggero, continua; se non lo è, allora scegli qualcos'altro. Facile? Troppo facile?

### *Chi e cos'altro puoi aggiungere alla tua vita?*

Essere esauriti si basa sull'idea che ci sia una mancanza di energia. Non esiste mancanza di energia: esistono solo punti di vista che non ti permettono di accedere alle energie che sono a disposizione. Sei consapevole che il tuo corpo ha abbastanza energia nei mitocondri da gestire una città delle dimensioni di San Francisco per tre mesi interi? Questa è quanta energia hai a disposizione nel tuo corpo. Eppure fingi, come se dovessi essere continuamente stanco. Accedi mai a tutta la tua energia?

Essere stanco e credere che la tua energia sia limitata è un punto di vista che crea una limitazione. E se invece chiedessi al tuo corpo quando e per quanto tempo ha bisogno di dormire? Potrebbe essere diverso ogni giorno, però abbiamo imparato che abbiamo sempre bisogno di 6-8 ore per notte. E poi le persone si chiedono com'è che si svegliano nel mezzo della notte senza potersi riaddormentare. E se chiedessi al corpo se ha bisogno di altro sonno? Se no, alzati, leggi, scrivi, goditi il momento notturno e la sua quiete. Grandi idee possono arrivare in quei momenti.

Quando tutti gli altri dormono, è ora di chiedere:

*Che cosa mi piacerebbe generare e creare come mio futuro? Che cosa è davvero possibile per me che non ho riconosciuto?*

Mentre le altre persone stanno dormendo e i loro pensieri sono tranquilli, è più facile per te accedere a quello di cui sei consapevole come possibilità più grandi per te e per la tua vita. Chiedi:

*Cos'altro mi piacerebbe creare che fa cantare il mio cuore?*

Se non ci fossero carenze e limiti, cos'altro ti piacerebbe aggiungere alla tua vita? E se non dovessi scegliere la famiglia o la carriera, o questo, o quello? E se potessi avere tutto quanto e farlo funzionare? E se non dovessi fare tutto quanto da solo? Chi altro puoi aggiungere alla tua vita che contribuisca a tutte le cose che ti piacerebbe creare, e come sarebbe se questo fosse un contributo anche per queste persone? Aggiungere alla tua vita aggiunge energia; e tu, iniziando a scegliere, creerai la consapevolezza di ciò che funziona o non funziona per te.

*Quale energia, spazio e consapevolezza potete essere tu e il tuo corpo per essere la fonte creatrice che veramente siete?*

*Tutto quello che non permette a questo di mostrarsi, distruggerai e screerai? Grazie.*

*Giusto e sbagliato, bene e male, pod e poc, tutti e nove, shorts, boys e beyonds.*

## Capitolo Diciassette

## Relazioni - Ti Stanno Uccidendo Delicatamente?

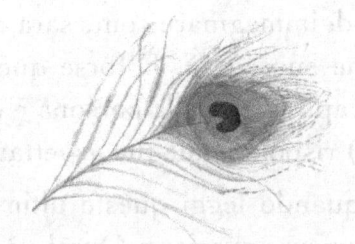

Come funzionano le relazioni per te? Se sei una di quelle persone fortunate che sanno come far sì che le relazioni funzionino per te, non c'è bisogno che tu legga questa sezione. Se fai parte del restante 99%, e ti chiedi se queste funzioneranno mai per te, ti consiglio di continuare a leggere.

Sapevi che la definizione di relazione è: la distanza fra due oggetti?

Due persone si incontrano, entrambe sono felici ed ispirate l'una dall'altra, non vedono l'ora di avere qualcosa di più grandioso, sentono le farfalle nello stomaco quando si pensano, sono felici quando stanno insieme, tranne che... Beh sai com'è... Quanto dura prima di chiederti che cos'è andato storto? Dov'è la gioia? Dov'è quella leggerezza che c'era prima? Iniziano le discussioni, entrambe le parti litigano per avere ragione e rendere sbagliati se stessi e l'altra persona. Entrambi cercano di adattarsi alla scatola chiusa chiamata "relazione". Le cose iniziano ad andare a rotoli. Abbiamo imparato che questa è una fase normale nelle relazioni che iniziano a diventare serie.

Buffo come le persone chiamano queste relazioni "serie". Abbiamo per caso delle relazioni per essere seri?

Quando le cose iniziano ad andare a rotoli, questo è il punto nel quale rendi le cose serie e significative, e cerchi di arrivare alla conclusione su dove si sta dirigendo la relazione, cercando di immaginare come sarà e proiettando nel futuro quello che succederà. È forse questo il punto nel quale cerchi di capire se quella persona è quella giusta per te, e se lui (o lei) risponde alle tue aspettative?

Nota come quando leggi queste ultime frasi l'energia leggera semplicemente sparisce. Questo è esattamente ciò che accade quando inizi a pensare, andare nella tua testa, cercare di capire e proiettare nel futuro quello che succederà con questa persona. Ti separi dalla gioia che eravate. Quanto ti sei bevuto il punto di vista che si tratta di una fase normale, e che faccia parte del gioco, e che sia necessaria? È vero? Ti fa sentire più leggero? Di chi è questo punto di vista? Si tratta davvero del tuo punto di vista? Cos'altro è possibile?

La prima domanda che ti puoi porre per avere più chiarezza in quest'area è: "Verità, davvero desidero una relazione?" Ti sei mai posto questa domanda? O hai forse presunto che ti piacerebbe avere una relazione? Quanto ti sei conformato al punto di vista che dovresti averne una, dal momento che tutti gli altri hanno lo stesso punto di vista e stanno cercando di farlo funzionare? Hai la necessità di una relazione? Ovunque abbiamo la necessità di qualcosa, dobbiamo in qualche modo contemporaneamente lottarci contro, mentre cerchiamo di ottenerla. Dove sta la scelta? Che cos'è che ti piacerebbe davvero?

Che cos'è una relazione per te? Con chi ti piacerebbe avere una relazione che sarebbe davvero un contributo alla tua vita? Come sarebbe questa relazione? Che cosa ti aspetti dall'altra persona esattamente? Che cosa si aspetta l'altra persona da te esattamente? La maggior parte delle relazioni si basa sulla pazzia collettiva. Parole dure? Beh, guardati attorno. Quante relazioni vedi dove entrambe le parti sono davvero felici, dove sono se stesse, e dove ci si contribuisce l'un l'altra, per espandere le proprie vite? Non così tante?

La maggior parte delle persone amputa il meglio di sé, quella cosa speciale dalla quale era attirata l'altra persona all'inizio, per entrare nella scatola della relazione e per essere in grado di esistere insieme. Questo è abbastanza per te o desideri di più? Come sarebbe se potessi scegliere il modo nel quale ti piacerebbe creare la tua relazione?

Al posto di annegare nella fantasia che un giorno tutto funzionerà alla grande, che il tuo partner ti capirà e sarà e farà quello che ti piacerebbe, potresti iniziare oggi con un completo rinnovo di relazione. Come? Chiedendo a te stesso: "Dunque, quale parte di questa relazione funziona realmente per me e quale no?" Le parti che non funzionano, chiedi se puoi cambiarle e se sì, come.

Quando rinnovi la casa fai lo stesso: fai un giro e controlli tutte le parti e i pezzi della tua casa per vedere cosa ti piacerebbe tenere e cosa no, e dove ha bisogno di essere rinnovata. Avere un'altra persona in ballo oltre a te, significa che anche loro scelgono che cosa piacerebbe loro cambiare e che cosa no. Se a te piacerebbe cambiare qualcosa e loro non sono interessati, sta a te essere in allowance di questo e chiedere a te stesso se puoi vivere con questo.

Fai domande così da ottenere tutte le informazioni per sapere che cosa esattamente ti piacerebbe come relazione e chiedi al tuo partner che cosa funziona per lui/lei. Poi chiedi a te stesso se il modo nel quale all'altra persona piacerebbe avere la relazione funziona davvero per te. Non ti aspettare che l'altra persona cambi o che desideri lo stesso che desideri tu. Questo è essere pragmatici.

Ho un'amica che è sposata e nella camera da letto suo marito ha un grande e comodo cuscino sul quale gli piace sdraiarsi e che non mette mai via. Lo lascia proprio davanti al letto. Molte volte di notte la mia amica ci è inciampata sopra, alzandosi per andare in bagno. Ha chiesto gentilmente a suo marito mille volte di ricordarsi di mettere via quel cuscino prima di andare a letto e lui regolarmente se ne dimentica. Questo va avanti da anni.

Dopo tutti questi anni, lei ha imparato a non seccarsi più per questo, ed ha fiducia nel fatto che suo marito non metterà via il cuscino. Sa che è qualcosa che lui non cambierà ed è in allowance di questo, così ha fatto la domanda di come potesse far funzionare questo per lei. E si è resa conto che, al posto di essere arrabbiata, o creare il punto di vista che a suo marito non importa di lei, semplicemente si ricorda di mettere lei via il cuscino.

Che cos'è una relazione fantastica? Dove puoi essere te stesso. Una relazione fantastica è dove entrambi i partner sono in allowance di se stessi e l'uno dell'altro. Dove tu e l'altra persona non pretendete che l'altro/a soddisfi le altrui necessità. Dove lasci che l'altra persona sia e faccia qualsiasi cosa desideri, e dove lei lascia che tu faccia e sia qualsiasi cosa tu sia e desideri.

Nota la parte sull'essere e fare quello che desideri. Hai anche solo un'idea di quello che desideri nella vita? O stai cercando una risposta nell'altra persona? Come sta funzionando questo per te?

Una relazione fantastica inizia con te. Fidarti di te stesso, onorarti, essere in allowance di te, essere grato per te, essere vulnerabile. Vulnerabile significa non avere le barriere alzate rispetto al ricevere, né difenderti: semplicemente essere te stesso. Puoi avere un senso di cosa questo significhi quando sei disteso nell'erba finché non percepisci più alcuna separazione fra te e la terra, dove ricevi il contributo che ogni singola molecola desidera essere per te. Sì, ogni molecola desidera contribuirti e l'unica cosa che devi fare, è riceverlo.

La maggior parte delle persone preferirebbe aspettare che la persona giusta si mostrasse, ed hanno già deciso come questa persona dovrebbe contribuire loro. E se ricevessi l'intero universo al posto di una persona? E se ricevessi il contributo così come viene, senza avere un punto di vista di come dovrebbe mostrarsi? E se con ogni persona, non importa cosa fanno o dicono, potessi chiedere:

*Quale regalo è questa persona per me che non ho riconosciuto? Quale contributo può essere questa persona, questa situazione per me e per il mio corpo?*

Che cosa sarebbe possibile per te allora?

❋ ❋ ❋

## *Quando è ora di andare avanti*

A questo punto del libro, stai diventando più cosciente di quanto ti sei bevuto l'erroneità di te per tutta la tua vita? Tutte le etichette (depressione, ansia, disordini della personalità) sono modi di descrivere quanto sei sbagliato. Queste sono conclusioni che ti convincono che c'è qualcosa di errato in te, e che non fai parte della "Squadra A", le persone "sane". (Mi sono sempre chiesta dove sono queste persone. Dove sono le persone sane e normali? Se ne incontri qualcuna, per favore, fammelo sapere. Per adesso ho solo incontrato persone che stanno disperatamente cercando di essere normali e stanno facendo di tutto per adattarsi.)

Sei cosciente di quanto stai controllando te stesso per non saltare fuori dalla scatola, per non ballare ad un ritmo diverso, il tuo ritmo? E quanto stai controllando il tuo corpo e il tuo essere: quanto stai spegnendo il tuo vivere? Nessuna meraviglia che le persone si deprimano con la quantità di energia che stanno sopprimendo e controllando nel proprio essere e corpo. Nessuna meraviglia che le persone creino dolore, sofferenza e tensione nei loro muscoli. Se passi tutta la tua vita a lavorare duramente per non essere te stesso e, ancora di più, per adattarti a quella che ti hanno venduto come questa realtà, allora è certo che diventerai pazzo.

Quanta della tua pazzia stai creando come tentativo di essere normale?

Come? So che non ha un senso logico. Ti sto dicendo proprio che la pazzia e la malattia mentale non hanno neanche un briciolo di logica. La maggior parte del dolore e della sofferenza delle persone non è cognitiva o logica; è creata ad un certo punto per una qualche ragione che le persone non si ricordano nemmeno. E non è neanche rilevante il perché stanno soffrendo. Molte modalità ricercano la causa, come se questo cambiasse il problema.

Per te, ha mai cambiato qualcosa scoprire il perché stai soffrendo? Cercare la ragione è cercare quello che è sbagliato nella tua testa, nella tua mente. E che cosa ha creato il problema all'inizio? Sì, il tuo pensare, le tue cognizioni, la tua mente. Provare a capire perché hai un problema è cercare di trovare la soluzione partendo dallo stesso spazio che ha creato il problema. Interessante. Questo è quando le persone si perdono nelle proprie teste.

*Se non cercassi la via d'uscita ai tuoi problemi pensando, di che cosa saresti consapevole?*

Chi ha creato il problema? Quando inizi a riconoscere che in realtà sei tu che hai creato il problema, hai la possibilità di scegliere nuovamente. Non è una grande notizia? Tu hai creato il problema in un primo luogo, il che significa che tu sei colui che può screarlo. Allora, se non ti bevessi l'erroneità di te, se non pensassi che sei debole e patetico, di quale potenza del cambiamento saresti consapevole?

*Di che cosa sei davvero capace che ancora non hai riconosciuto?*

E se potessi cambiare tutto quanto nella tua vita? Qualsiasi cosa? Inizia a chiedere. Scegli un'area della tua vita e chiedi: "Universo, cosa ci vorrebbe che questo cambiasse e fosse più grande e più facile di quanto io possa mai immaginare?" E se il tuo lavoro fosse semplicemente quello di chiedere e permettere all'universo di contribuirti? Facile? Sì.

Quanta della tua pazzia e malattia mentale hai creato per adattarti a questa realtà? Malattia mentale e pazzia sono creazioni, non sono reali. Significa che non ti adegui alla norma, e il fatto che non ti adegui alla norma è sbagliato. Così per adattarti almeno un pochino, crei te stesso come mentalmente disturbato. Chi sei veramente che non hai mai riconosciuto?

E se al posto di scavare nel passato ed essere triste per come ti hanno trattato potessi trattare te stesso come avresti dovuto essere trattato? E se tu fossi il tuo partner dei sogni, come tratteresti te stesso? E se tu fossi il tuo miglior amante, che cosa sceglieresti?

## Capitolo Diciotto

# La Felicità È Solo una Scelta

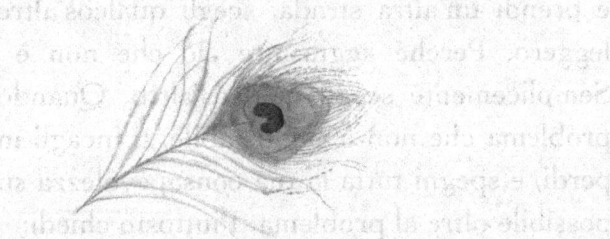

Il titolo di questo capitolo potrebbe essere provocatorio se ti hanno convinto che la felicità sia a disposizione solo di alcune persone molto privilegiate su questo pianeta e che tu non sei uno di quei VIP felici. Hai forse deciso che la felicità è una scelta che tu non hai? Quante ragioni e giustificazioni hai che ti persuadono che la felicità non è possibile per te? "La mia infanzia, i miei genitori, il mio corpo, la mia situazione finanziaria, il mio questo e il mio quello…" Che cosa hai deciso che ti impedisce di essere felice?

E se la felicità fosse una *scelta* che hai a disposizione? E se potessi esigere da te stesso:

*Non importa com'era il mio passato, non importa chi ho deciso che sono, lascerò andare tutto questo ora e aprirò la porta a più di me stesso, alla felicità che davvero sono.*

Tutte le volte che qualcosa che non è leggera si mostra nella tua vita, scegli ancora. Sì. Semplicemente scegli ancora e re-indirizzati. Metti "felicità" nel tuo GPS personale e svolta nella prossima strada che ti conduca lì.

Abbiamo imparato ad aggiustare i problemi, a gestirli e a risolverli. E se invece facessi una domanda, tipo: "Posso cambiare questo?" Se ottieni un no, ri-direzionati e prendi un'altra strada, scegli qualcos'altro che sia più leggero. Perché aggiustare ciò che non è aggiustabile? Semplicemente scegli qualcos'altro. Quando aggiusti un problema che non è aggiustabile, ti incagli in questo, ti ci perdi, e spegni tutta la tua consapevolezza su che cosa sia possibile oltre al problema. Piuttosto chiedi:

*Cos'altro è possibile qui? Cos'altro posso scegliere che continui a farmi progredire?*

Qualsiasi cosa si presenti come leggera e una possibilità diversa, che si abbini all'energia di ciò che desidereresti, scegli quello. Sì, è spudoratamente facile. Quanta della tua vita hai impiegato ad aggiustare i tuoi problemi e quelli degli altri? E qual è stato l'effetto di questo? Ha creato quello che desideravi o ti ha portato ancora più giù nella tana del coniglio? Quante volte hai compiuto questa routine? È forse il momento per una nuova routine? Perché continuare con ciò che non funziona, invece che provare qualcosa di completamente diverso, anche se la maggior parte delle persone lo definirebbe pazzo e sbagliato? Fai ciò che funziona per te.

Analizza la tua vita e guarda tutte le volte nelle quali hai scelto qualcosa che era giusto per te, anche se le persone attorno avevano il punto di vista che fosse totalmente pazzo e sbagliato. Quella scelta ha reso la tua vita più grande e migliore, o più piccola e peggiore?

Scegliere ciò che è giusto per te, quel che ti rende leggero e illumina il tuo universo, espanderà la tua vita dal momento che si abbina alla vibrazione di chi sei veramente in quanto essere. Combacia con ciò che ti piacerebbe creare. Tu sei consapevolezza con un corpo. La vibrazione che tu veramente sei è leggera, gioiosa e serena. Tutto il resto sono le limitazioni che hai reso reali. Reale è solo ciò che rendi tale e con cui sei d'accordo e ti allinei, o al quale resisti e reagisci.

Essere felice è una scelta che hai a disposizione sempre.

Hai notato che le uniche volte in cui hai un problema è quando non riconosci la tua potenza di cambiare quello che sta succedendo? Rendi te stesso meno potente di quanto davvero sei, e sei d'accordo col fatto che hai un problema, e che non puoi cambiarlo? Fare una domanda cambierà questo immediatamente.

Quali altre scelte e possibilità sono disponibili per te? Questa domanda da sola apre una nuova porta dove pensavi che non ce ne fosse una. Ti dà una consapevolezza di qualcosa di diverso. Non si tratta di avere un'immagine panoramica e una parola o una frase di che cosa quell'altra cosa sia. Ti dà un senso che esiste qualcosa di diverso. Una consapevolezza di un'energia che probabilmente va oltre alle parole. L'unica cosa che devi fare è scegliere qualsiasi cosa che si abbini all'energia del creare qualcosa di diverso nella tua vita.

Fallo. Più lo fai e più diventerà facile per te. Non c'è niente che tu possa fare di sbagliato.

Le persone di solito hanno una certa area nelle loro vite dove percepiscono se stessi come bloccati: le loro finanze, le relazioni, il corpo, il business. Qual è l'area nella tua vita nella quale hai deciso che hai un problema che non puoi cambiare? Quando decidi che hai un problema allora parti e cerchi delle prove che supportino che tu abbia un problema. Cerchi giustificazioni per rendere il tuo problema reale e solido. È come cementare quello che hai deciso che è il tuo problema, e poi aggiungerci mattoni ogni volta che sei d'accordo col punto di vista che hai un problema.

Se decidi che hai problemi di soldi, ogni volta che guardi il tuo conto in banca dici: "O mio Dio, ho così pochi soldi, non ce la farò a pagare le mie spese." Se decidi che hai problemi col tuo partner allora dirai: "Visto? Di nuovo non ha portato fuori la spazzatura; davvero non gliene importa nulla di me." Se decidi che hai problemi col tuo corpo, andrai a cercare le cose che non vanno nel tuo corpo. Questi sono i punti nei quali non fai domande e decidi che c'è un problema, e poi convinci te stesso che si tratta davvero di un problema che non si può cambiare.

Le aree che le persone definiscono "i loro problemi" sono esattamente i posti nei quali non fanno domande. In quali aree della tua vita non fai domande e hai già deciso che è tutto quanto senza speranza? E se iniziassi a fare domande riguardo a tutto quello che non è leggero e non è nel modo in cui desidereresti che fosse?

Fai le quattro domande:

*Che cos'è?*

*Cosa me ne faccio?*

*Posso cambiarlo?*

*Come posso cambiarlo?*

Queste quattro domande possono cambiare qualsiasi situazione. Non si tratta del trovare la risposta a queste domande. Si tratta di aprirsi a più consapevolezza, in modo da poter guardare la situazione nella quale ti trovi da una prospettiva diversa. Piuttosto che giungere ad una conclusione come: "Sono così bloccato, sono davvero pessimo, mi sento così triste", chiedi che cos'è, se lo puoi cambiare e come.

Dopo aver chiesto se puoi cambiarlo, ogni tanto riceverai un "no". Sapere che puoi semplicemente lasciare che le cose siano come sono, e che puoi smettere di lavorare duramente per cercare di cambiare ciò che al momento non è cambiabile, ti permette di avere più pace ed essere rilassato.

Quando lavoro coi clienti, ho costantemente presente queste quattro domande. I clienti mi raccontano i loro problemi e nella mia testa chiedo: "Che cos'è? Cosa ce ne facciamo? Possiamo cambiarlo? Come possiamo cambiarlo?" Dopo ogni domanda, aspetto per ottenere una consapevolezza. La consapevolezza non è una risposta: è un'energia, come una porta che si apre e mi permettere di sapere dove dirigermi dopo.

E se la vita non riguardasse il far fronte ai problemi e avere tolleranza per la sofferenza, ma riguardasse godersi il vivere e godersi l'essere te stesso? Quanto più potresti generare e creare se tu fossi la gioia di te? Quanta più facilità potresti avere?

Sei disposto ad avere questo? Sei disposto a dire addio al vecchio paradigma di "risolutore di problemi" e "tolleratore di merda" ed essere invece il "terminator della merda"? (Non potevo resistere al gioco di parole!) E se aggiungessi una nuova routine? Quella di godere la tua vita e scegliere quella che è la routine leggera?

È okay essere felici. Puoi semplicemente stare seduto lì e dondolarti.

CAPITOLO DICIANNOVE

# LA MAGGIORANZA COMANDA DAVVERO?

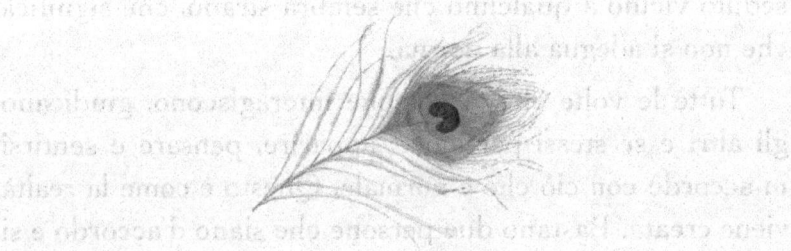

Osserviamo questo concetto che costituisce una gran parte di questa realtà: la maggioranza comanda. Significa che la maggioranza numerica di un gruppo detiene il potere di prendere decisioni, vincolando tutto quanto il gruppo. Rivisitiamo l'universo della diagnosi, che è una grande parte del sistema sanitario; il medico è obbligato a diagnosticare ogni paziente che viene per una visita. I sintomi vengono categorizzati in scatole con nomi, le cosiddette diagnosi.

Su cosa sono basate queste scatole, queste diagnosi? L'intero sistema di categorizzazione si basa sull'idea che la maggioranza comanda. Il modo in cui la maggioranza della popolazione vive, si comporta, pensa e si sente, viene considerato normale. Si tratta della cosiddetta norma, alla quale il resto viene comparato.

La comparazione si basa sul giudizio. Osservi una persona e giudichi se si adatta o no alla norma. E allora si forma la conclusione. Si tratta di un'equazione che fa parte della vita della maggior parte delle persone, sempre; entri in un bar e cerchi un posto dove ti piacerebbe sedere, basandoti sull'informazione che ottieni riguardo alle persone sedute (che aspetto hanno, come si comportano, se sono soli o meno) e formi dei giudizi e delle conclusioni rispetto a ciò di cui sei consapevole, cercando di capire se le persone si conformano alla norma o no. Nessuno vuole stare seduto vicino a qualcuno che sembra strano, che significa che non si adegua alla norma.

Tutte le volte che le persone interagiscono, giudicano gli altri e se stessi per agire, apparire, pensare e sentirsi in accordo con ciò che è normale. Questo è come la realtà viene creata. Bastano due persone che siano d'accordo e si allineino con un punto di vista, rendendolo reale, e quella diventa la loro realtà. Solidificano quel punto di vista e lo usano come punto di riferimento per giudicare altri punti di vista come giusti o sbagliati. Più solido è, più le persone lo vedono come reale. E diventa "la cosa". Qualsiasi sia "la cosa", diventa più reale di qualsiasi altra cosa. Diventa la linea guida, lo standard. Qualsiasi altra cosa non rientri in quello standard, non può giungere alla consapevolezza, dal momento che è troppo diversa. Se ne sta seduta lì, come un elefante gigantesco. Questa è la creazione della limitazione.

Cercando un posto per sederti nel bar, ti focalizzerai sulle persone che si adeguano agli standard, la gente normale. E se ci fossero persone che non si adattano alla norma ma, sedendoti vicino a loro e parlandogli, ne fossi ispirato e il tuo mondo cambiasse?

Molte persone che stanno cercando un partner, di solito, cercano la stessa persona con la quale sono stati nella relazione precedente, solo con un corpo diverso, perché queste ultime si adattano ai loro standard. È usuale. Ricreano lo stesso problema più e più volte, dal momento che cercano di mantenere il tipo di vita che hanno giudicato essere normale.

*Che cosa hai giudicato come normale che mantiene le tue limitazioni?*

*Tutto quello che è, distruggerai e screerai? Grazie.*

*Giusto e sbagliato, bene e male, pod e poc, tutti e nove, shorts, boys e beyonds.*

Come sarebbe se potessi essere la domanda che ti permette di percepire possibilità più grandi in ogni momento?

Noti come quest'ultima domanda era molto più leggera rispetto alla prima parte del capitolo? Ancora una volta, ciò che ti rende leggero è vero. Facile. E se potessi fare una domanda ogni volta che tu o qualcun altro ti mostra la "cosa" che ti fa sentire super pesante? Chiedi: "Qual è la bugia qui, detta o non detta?" Non appena individui la bugia, non ti si appiccica più e sei libero. Non ci pensi più.

La maggioranza comanda. Pesante o leggero? E se "la maggioranza comanda" fosse solo un interessante punto di vista? Né giusto, né sbagliato, niente contro il quale reagire, o resistere, o col quale essere d'accordo o allinearsi; solo un interessante punto di vista.

Ero in un negozio l'altro giorno per comprare dell'intimo e ho preso un indumento che era della taglia che vesto di solito. L'ho guardato e ho pensato: "Hmmm, questo sembra un po' grande per essere della mia taglia, cosa sta succedendo?" La commessa mi ha guardato e ha risposto alla mia domanda inespressa: "Questa non è la sua taglia, signora. Prenda quella più piccola, abbiamo appena cambiato tutti i nostri capi per adeguarci agli standard europei, il che significa che tutti sono scesi di una taglia."

Quanto è buffo? L'intero standard e le taglie di vestiario sono cambiate perché la maggior parte delle persone è aumentata di taglia e adesso abbiamo un nuovo standard. Di solito vestivo la taglia M e adesso non sono più nella media, adesso sono al di sotto della media. Buffo no? E anche piuttosto intelligente. Così tante persone che si sentono meglio riguardo a se stessi essendo scesi di una taglia senza far nulla. Sicuramente è un bel modo per far sì che le persone comprino di più.

È tutto quanto solo un interessante punto di vista e non è reale. Tutto può cambiare.

Quello che è normale o non normale in questa realtà è basato sulla distribuzione normale, che è dettata dalla maggioranza. Nella curva a campana, il 68% si trova nel mezzo ed è ciò che viene considerato normale e nella media, ed il resto si trova al di sotto o al di sopra. Quello che le persone fanno, è cercare di trovare il proprio spazio in questa realtà rispetto al posto dal quale la maggioranza sta funzionando. Alcune persone si posizionano nel mezzo, dove c'è la maggioranza; alcuni scelgono di essere più grandi, e altri scelgono di esserlo meno. Sì, esiste una scelta.

*Dove stai posizionando te stesso nello schema di questa realtà? Ti stai posizionando dove c'è la maggioranza o ti stai rendendo meno grande o più grande?*

Guarda le diverse aree della tua vita e dove ti posizioni in queste aree. Forse permetti a te stesso di essere più grande della maggior parte delle persone nell'area delle relazioni, e meno della maggior parte delle persone nell'area del denaro. Oppure al contrario.

Ti invito a diventare consapevole del fatto che le persone computano e calcolano costantemente quello che è normale avere ed essere. Quanti soldi è normale ed è nella media avere, quanto successo è normale avere nel business, quanti bambini, e così via. E poi calcolano dove piacerebbe loro essere, relazionandosi agli ideali di questa realtà. Quanta scelta permette questo? Non tanta. Hai mai chiesto che cosa ti piacerebbe essere e creare come la tua vita, che potrebbe non adattarsi agli ideali di questa realtà?

*Che cosa ti rende felice che potrebbe non essere normale?*

Se passi la tua vita cercando di adattarti e di essere normale, allora non saprai mai che cosa ti rende felice. E se tu e la tua realtà foste molto oltre la massimizzazione di questa realtà? Ben oltre alla scala. Quanta scelta e accesso alla grandezza di te avresti allora?

### Trovare il tuo posto nella realtà con la malattia mentale

La malattia mentale è una maniera di posizionare se stessi nella parte inferiore alla media della curva gaussiana, ma sempre nell'arco della curva della normalità. La malattia mentale è un modo di adattarsi, un modo di trovare il proprio posto in questa realtà. Crea un universo conflittuale dove qualcuno si gode l'essere diverso, ma non è disposto ad essere troppo diverso, e crea una resistenza contro l'essere troppo diverso e una ragione e giustificazione per adattarsi comunque.

La resistenza dell'essere totalmente diverso e forzare se stessi ad adattarsi, crea un sacco di sofferenza e dolore psicologico e fisiologico. Le persone con una malattia mentale hanno un modo di difendere questa realtà e un modo di difendere ciò che le persone pensano di essere.

Ad esempio, ADHD, OCD, autistismo e bipolarismo sono modi di deviare il più possibile dal posto dal quale la maggioranza funziona, senza diventare totalmente pazzi. Queste sono scelte che le persone fanno, per dare l'impressione di essere disabili. Difatti, riconoscere e ricevere le loro capacità, permetterebbe loro di andare oltre ai parametri ed essere e ricevere la grandezza che davvero sono.

Per rendere la malattia mentale reale, quanta della tua consapevolezza devi amputare per essere d'accordo e allinearti con questo punto di vista? Interessante come le persone deducano che, dal momento che molti si comportano in un certo modo, allora quel modo sia giusto. Quanta energia utilizzi ogni giorno per rendere questo una realtà per te?

Cogli quest'energia, proprio adesso. Connettiti al tuo corpo facendo un respiro profondo e lasciandolo andare dalla tua testa giù fino alle dita dei piedi, e percepisci l'energia che blocchi nel tuo corpo per renderti normale. Adesso chiedi:

*Quale energia, spazio e consapevolezza possiamo essere il mio corpo ed io per usare questa energia per essere me e per creare la mia vita?*

Adesso che hai fatto questa domanda, percepisci l'energia. È diversa? Non c'è un modo giusto di sentirsi. Semplicemente permetti che questa cambi il tuo universo. Potresti aver bisogno di rinunciare al tuo bisogno di controllare la tua vita e te stesso. Lasciar andare il controllo... che ne dice il tuo corpo di questo? Lo senti che sta esultando?

E se essere fuori controllo fosse il modo per ottenere totale controllo? Essere fuori controllo significa essere totalmente consapevole e ricevere tutte le informazioni, in ogni momento. Ti permette di sapere quali passi fare e quando creare la tua realtà, dal momento che non stai più cercando di capire col tuo cervello ciò che è giusto e sbagliato, buono e cattivo. Chiedi:

*Che cosa ci vorrebbe affinché fossi totalmente fuori controllo, fuori dalla forma, dalla struttura e dal significato?*

Questo è il posto nel quale puoi essere tutto e creare te stesso nuovo e diverso in ogni momento. Totale scelta. Divertente?

Quali grandi e gloriose avventure ti stanno aspettando?

## Capitolo Venti

# "Spazio-fobia" - Eviti lo spazio?

Mi stavo divertendo l'altro giorno, come faccio tutti i giorni. Ero nel mio appartamento e non avevo pianificato niente di specifico, e mentre stavo lì seduta, sono diventata consapevole del fatto che davvero non dovevo andare da nessuna parte. Non c'era necessità nel mio mondo di fare nulla o incontrare nessuno. Nessuna necessità di consumare cibo delizioso. Neppure il bisogno di riempire lo spazio con pensieri. Solo spazio e nessuna necessità.

Mi è arrivata questa consapevolezza: "Wow, quanto è quello spazio che la maggior parte delle persone evita? Lo spazio che le persone riempiono con pensieri, sentimenti, sesso, relazioni o qualcosa da fare?" Questo spazio è troppo scomodo per la maggior parte delle persone, visto che non c'è nessuna necessità; nessuno standard o punto di riferimento che ti dice dove andare e cosa fare. Lo spazio della scelta totale. Lo spazio al quale arrivi per creare quello che davvero ti piacerebbe.

Solo per divertimento mi sono inventata il termine "spazio-fobia": lo spazio che la maggior parte delle persone evita come la peste in qualsiasi modo possa e ad un livello tale da essere fobici dell'essere quello spazio.

Un giorno ero ad un festival di cavalli ed era talmente affollato che potevo percepire quanto le persone fossero irritate dal trovarsi in così tanti in un unico posto. Sapevo di avere la scelta di annegare in quell'irritazione e di infastidirmi io stessa, o essere lo spazio nel quale l'irritazione non mi toccasse. Ho scelto di espandere la mia energia oltre al raduno, il più possibile; mi sono connessa ai cavalli e alla natura, alla terra, agli alberi e all'oceano e ho chiesto a me stessa e al mio corpo di essere quella vibrazione. Tutto quello che ci voleva era una scelta e richiedere di essere quella vibrazione. Non ho dovuto fare niente di speciale o mettere in scena un rituale per poter essere quello spazio. Mi sono semplicemente connessa.

E così tutto quanto ha iniziato ad essere sereno e facile. Ero semplicemente consapevole della vibrazione che si era creata con i pensieri e i punti di vista degli altri, ed ero totalmente calma al riguardo. E dopo un po', ho saputo che era venuto il momento che me ne andassi.

La cosa interessante è stata che percepivo tantissimi corpi che volevano andare altrove, ma le persone non li ascoltavano; avevano deciso di dovere stare al raduno per il tempo che avevano deciso fosse giusto. Tutte queste persone, coi loro pensieri e sentimenti, avevano creato una solidità che chiamavano realtà, con la quale erano a proprio agio, dal momento che era familiare. Preferivano essere irritati, in un posto familiare, piuttosto che dover ascoltare i loro corpi che dicevano cos'altro fosse possibile per avere più facilità. Anche se i loro corpi stavano urlando e chiedendo di andare da qualche altra parte, non riuscivano ad ascoltarli, per via di tutto quello che avevano già deciso.

Questo è un esempio di quando le persone fanno tutto quello che possono per non essere lo spazio che davvero sono. Hanno una dipendenza dal riempire lo spazio che sono, con la polarità di pensieri e sentimenti, cose da fare, persone da incontrare, relazioni da creare e business da gestire.

Un altro esempio è il dramma e trauma che le persone creano: al confronto le telenovela impallidiscono. Le persone attaccano briga o si rendono le vittime per creare il dramma che creerà abbastanza intrattenimento, cosicché non si annoino.

Ho un amico che è un essere geniale, amorevole e potente. Ma appena iniziava ad essere quello spazio che veramente è e ogni volta che stava per creare una vita fenomenale, sceglieva di incominciare una relazione con una donna che lo portasse indietro dove si trovava prima, o permetteva alla sua ex-moglie di torturarlo e renderlo sbagliato per il fatto che aveva successo. Non creava le sue relazioni per espandere e contribuire ad essere la genialità che lui è. No, sceglieva di rendere la donna la risposta e un punto di riferimento per non perdere il contatto con questa realtà, per essere controllato e per assicurarsi di non essere solo.

Un essere infinito può mai essere solo? Questa bugia è ciò che fa sì che così tante persone entrino in relazioni che non funzionano per loro. Preferirebbero avere una cattiva relazione che nessuna. Scusa?

*Che cosa stai usando per mantenerti ancorato a questa realtà e a ciò che è reale e normale? Chi e cosa stai usando per controllarti, così da non mostrarti mai come la genialità di te? Chi o cosa è il tuo eterno carceriere che ti mantiene imprigionato per tutta l'eternità?*

È adesso il momento di distruggere e screare tutto ciò che hai creato per mantenere questo in posizione? Dì semplicemente "sì" a te stesso se scegli di cambiarlo. È tutto quello che ci vuole.

Che cosa è possibile oltre a questo? Lo spazio oltre ai pensieri, sentimenti, emozioni, punti di vista, conclusioni, proiezioni, aspettative, giudizi, rifiuti e separazioni. Queste sono tutte le cose che usi per far sì che ti senta come tutti gli altri. Essere spazio non ha valore in questa realtà dal momento che non puoi renderlo cognitivo o descriverlo. Lo spazio che davvero sei, e che già sei, è dove arrivi a essere te stesso, come l'oceano, il sole, la terra e gli animali. Lo spazio dove sei la domanda, la scelta, la possibilità, il contributo e dove puoi creare te stesso. Dove puoi creare la tua vita, il tuo business, le tue amicizie e il tuo denaro nel modo che davvero desideri.

Come?

Chiedilo e poi permetti che questo si mostri quando si mostra e nel modo in cui si mostra. "Che cosa ci vorrebbe che avessi più denaro di quanto non ne possa mai spendere?" e ricevi le informazioni su che cosa ci vorrebbe per te per crearlo. Non avere fretta. Non concludere che non si mostra solo perché non lo ha fatto ieri. Fai questa domanda per qualsiasi cosa ti piacerebbe creare:

*Cosa ci vorrebbe affinché... si mostrasse?*

Essere lo spazio di te stesso è dove non rendi più reale o significativo alcun punto di vista o giudizio. Ricevi tutto e non giudichi nulla. Non sei l'effetto di niente dal momento che permetti a tutto di venire a te con facilità, gioia, e gloria, e permetti a tutto di contribuire a te, al tuo corpo e alla tua vita. Essere questo spazio ti rende il catalizzatore per un mondo totalmente diverso. Essendo in allowance totale, le persone attorno a te non sono più in grado di aggrapparsi ai loro punti di vista fissi. Si sciolgono in tua presenza. Tutto quello che è un'invenzione come i pensieri, i sentimenti, le emozioni, i giudizi e i punti di vista si dissipano in tua presenza. E questo invita le persone attorno a te a scegliere.

**Tutta la vita ti viene con facilità e gioia e gloria!**™

Questo è un mantra che puoi usare per ricevere tutto quanto nella vita con facilità, gioia e gloria, il buono e il cattivo. Dillo dieci volte la mattina e dieci volte la sera e la facilità verrà a te!

## Capitolo Ventuno

# Attenzione ai Cosiddetti Esperti

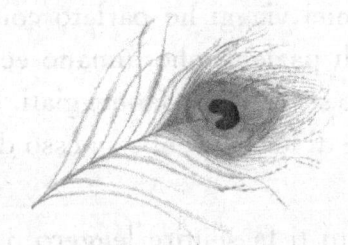

Ci sono molti esperti in questa realtà. Gli esperti rivestono il ruolo di essere coloro che hanno le risposte. Di solito hanno delle credenziali, accademiche o di altro tipo. Dottori, terapeuti, psicologi, lavoratori nel sociale e consulenti sono alcuni degli esperti in questa realtà.

Essere un esperto è una cosa che raramente viene messa in questione. Le persone affermano di essere esperti in ogni tipo di area. E lo sono perché dicono di esserlo, non perché sappiano meglio le cose. Molti esperti, specialmente se si definiscono tali, dicono ai loro clienti che quello che hanno fatto fino ad ora non funziona e che loro, in qualità di esperti, hanno la risposta e la soluzione.

Affidarsi agli esperti per avere delle risposte è il modo in cui dai al punto di vista di qualcun altro più valore rispetto a quello che sai. Smetti di ascoltarti a favore del punto di vista dell'esperto. Ti giudichi per capire se stai facendo la cosa giusta o la cosa sbagliata. Agendo così cerchi di scoprire cos'è che dovresti fare, che ti renderebbe giusto, in modo da poter evitare di essere sbagliato. Questo crea libertà per te? Crea davvero qualcosa che funziona per te?

\* \* \*

In uno dei miei viaggi ho parlato con un medico che vede un sacco di pazienti che fumano eccessivamente e i cui polmoni sono seriamente danneggiati. Era convinto che la maggior parte di loro avrebbe smesso di fumare, se solo avesse potuto.

Sentire questo ti fa sentire leggero o pesante? È una consapevolezza o una risposta? Questo punto di vista apre a più grandi possibilità o no? Quante bugie si sta bevendo questo dottore sul fatto che i suoi pazienti vogliano smettere di fumare, semplicemente perché lo dicono? E quanto pensi che, ogni giorno, stia trovando delle prove del fatto che il suo punto di vista è corretto? Ogni paziente che dice che gli piacerebbe smettere di fumare ma che non può, sta rendendo il suo punto di vista più forte, convincendolo che per le persone è difficile smettere di fumare. Bevendosi questi punti di vista, sta ri-propinando ai suoi pazienti le loro stesse risposte, convincendoli del loro punto di vista. Questo non ha nulla a che fare col potenziare.

Non sto dicendo che questo dottore sia sbagliato. Ti sto invitando a vedere che questo è ciò che succede continuamente in questa realtà.

Le persone si alimentano di bugie e se le propinano l'un l'altro, andando sempre più giù nella tana del coniglio delle loro sofferenze, senza fare neanche mai una domanda. E se potessi usare delle domande per potenziare te stesso e gli altri? Come sarebbe essere onesto e realmente chiedere a te stesso:

*Verità, davvero mi piacerebbe cambiare questo, davvero mi piacerebbe avere una possibilità diversa rispetto alla sofferenza che sto scegliendo?*

Se ottieni un "no", ottimo. Allora sai qual è il tuo punto di vista in quel momento. Sai che non desideri davvero cambiare nulla e puoi smettere di tentare così disperatamente di modificare qualcosa, quando in realtà non sei interessato ad alcun cambiamento. È come se la tua mano destra combattesse contro la mano sinistra: tutto quello che ottieni è solo ulteriore dolore. Non c'è niente di brutto o sbagliato nel non voler cambiare nulla. È solo una scelta. Quando ti rendi conto di non essere interessato al cambiamento, spalanchi la porta ad ancora più scelta. Puoi chiedere a te stesso:

*Funziona per me non voler cambiare? Qual è il valore di aggrapparmi al mio dolore e alla mia sofferenza?*

Qualsiasi cosa venga su, non c'è bisogno che tu lo descriva a parole. Semplicemente chiedi a te stesso: "Qualsiasi cosa emerga facendo queste domande, distruggerò e screerò tutto?" Se viene un "sì" per te, usa la frase di pulizia per dissipare la limitazione.

*Giusto e sbagliato, bene e male, pod e poc, tutti e nove, shorts, boys e beyonds.*

Raccomando di ripeterla molte volte dato che ogni ripetizione ripulisce un altro strato di limitazioni.

Dal momento che si ha a che fare con un sacco di sofferenza, non ha un senso logico che le persone non desiderino cambiare. Se fosse logico e comprensibile, non ci sarebbero problemi nel mondo. Avremmo trovato le soluzioni un sacco di tempo fa.

Molte persone aspettano davvero a lungo e soffrono un sacco prima di scegliere qualcosa di diverso. Non c'è niente di sbagliato in questo. Ogni tanto l'auto-tortura deve fare male abbastanza da indurre le persone a richiedere qualcosa di diverso. "No, non desidero cambiare" può facilmente diventare un: "Sì, sto scegliendo di cambiare." Quello che è richiesto è che tu diventi, in primo luogo, consapevole del "no", prima di arrivare al "sì". Una volta che scegli il "sì", cambiare sarà molto più facile di quanto pensi.

Il novanta per cento di quello che serve per cambiare verso qualcosa di più grande, è la scelta di esigere: "Sì, questa cosa cambierà ora, a qualsiasi costo." Non aspettarti che le cose siano diverse il secondo dopo. Dà loro un po' di tempo. Esigendo da te stesso di avere qualcosa di più grande, hai già spalancato la porta, e il resto verrà a seguire. Se ci va più tempo di quanto ti piacerebbe, non arrenderti, non concludere che questo non funziona. Il giungere alla conclusione che questa cosa non funziona, arresta quello che hai appena iniziato a creare. Continua a chiedere qualcosa di più grande, e scegli ciò che rende la tua vita più facile. Hai tutto quello che ci vuole per creare ciò che davvero desideri. Non c'è niente e nessuno che ti possa fermare, a meno che tu non glielo lasci fare.

## *Tutto è l'opposto di quello che sembra, e niente è l'opposto di quello che sembra*

L'esempio del dottore mostra come gli esperti possono usare il loro ruolo per dare alle persone la risposta che loro pensano sia giusta, senza essere disposti a vedere quello che sta succedendo o a fare domande che creano qualcosa di diverso. Potenziare le persone, sia che tu rivesta il ruolo di esperto o no, è molto più facile di quanto tu possa immaginare. Puoi essere stupido come una capra e potenziare le persone ad essere chi realmente sono.

Tutto è l'opposto di quello che sembra, e niente è l'opposto di quello che sembra. Stupido o geniale?

Potenziare le persone è facile e divertente. Come mai? Non devi avere nessuna risposta, fai delle domande alle persone per facilitarle a scoprire ciò che è vero per loro. In quanto esperto, hai le risposte pronte e queste risposte sono più importanti di qualsiasi altra cosa. Ogni volta che vai da un dottore, chiedi a te stesso e al tuo corpo che cosa richiede, o fai affidamento sul fatto che il dottore abbia le risposte giuste per te?

E come fa un dottore a sapere meglio di te? Può avere più nozioni di te su quell'argomento, ma questo non significa che sappia meglio. Potresti ricevere le informazioni dell'esperto e chiedere a te stesso e al tuo corpo: "Verità, che cosa so io riguardo a questo? Che cosa funzionerebbe per me? Che cosa rende la mia vita più facile? Corpo, che cosa richiedi?"

Tu lo sai! Più chiedi a te stesso, e più facile sarà per te sapere. È come potenziare un muscolo. Ogni volta che fai affidamento su qualcuno o qualcos'altro dai via il tuo potere e rendi te stesso l'effetto del punto di vista di qualcun altro. Questo è un grande disservizio per te e per il mondo. Quello che sai è un regalo per il mondo.

Ci sono molti esperti convinti che le persone non sappiano. Hanno il punto di vista che sono troppo malate per sapere, che sono troppo disagiate o handicappate. Niente e nessuno può mai portarti via il tuo sapere. Si tratta di chi sei tu. Niente può portare via chi sei. Nessuna malattia, nessuna persona, nulla. Quello che sai e sei può essere offuscato e può essere difficile accedervi quando si hanno disagi, ci si droga o si è etichettati come "malati mentali". Tu puoi scegliere di essere la persona che sei e riconoscere il tuo sapere.

Come esperto puoi scegliere di rendere la tua istruzione il prodotto di valore o puoi usare il tuo ruolo per potenziare le persone nel riconoscere il loro sapere.

### *Essere inutile*

I terapeuti mi chiedono spesso che approccio adotto quando faccio delle sessioni coi clienti. Il mio approccio prevede una domanda prima di iniziare una sessione; chiedo: "Quanto posso essere inutile qui?"

Per molti esperti questo scatena una risata o una bocca spalancata. "Cosa intendi con 'inutile'? Inizi essendo utile e poi diventi inutile? Come funziona?"

Inizio essendo inutile e continuo essendo inutile.

Quello che abbiamo imparato come esperti è essere utili; si suppone che aggiustiamo e gestiamo il problema, che abbiamo la risposta giusta, la soluzione, e che faremo ciò che è giusto per salvare il cliente. Quanto funziona questo? Gli esperti si caricano di un sacco di responsabilità. Quanto è divertente avere questo tipo di responsabilità su di te? Sì, divertente. Perché stai facendo il tuo lavoro? Per soffrire o per divertirti? So che il divertimento non è permesso nei campi seri degli esperti.

Lo è per me. Io rompo la regola della serietà. E tu?

Essere responsabili del risultato del proprio lavoro quando coinvolge anche un'altra persona, mette un sacco di pressione sull'esperto. Non è la scelta più brillante. E se leggendo questo ti stai arrabbiando, forse dovresti chiederti se si applica a te.

*Che cosa stai resistendo di essere e scegliere, che se lo fossi e lo scegliessi, espanderebbe il tuo lavoro e la tua vita oltre a quello che hai pensato fosse possibile?*

Quale libertà potresti garantire a te stesso che espanderebbe tutta la tua vita? Se rendi te stesso responsabile per quello che sceglie un'altra persona, o se sei investito nel risultato che il cliente deve stare meglio, potresti aver notato che il tuo lavoro diventa piuttosto duro. La domanda è: "Questo sta potenziando l'altra persona?" Stai dando loro lo spazio di scegliere per se stessi?

Io di solito pensavo di dover aggiustare tutti quanti, renderli felici; l'obiettivo delle mie sessioni era di rendere le persone più sane e portarle oltre ai loro problemi. Ero stanca e priva di energia alla fine della giornata lavorativa, e nel fine settimana per la maggior parte del tempo dormivo. Sapevo che questo doveva cambiare.

Ho iniziato a rendermi conto che non è mia responsabilità se le persone scelgono di cambiare o meno. Posso dar loro gli strumenti, le informazioni e i processi per fargli sapere che hanno scelta. Ma quello che scelgono sta a loro. Questa è la più grande cura amorevole e potenziamento: lasciare che le persone scelgano quello che hanno bisogno di scegliere, senza avere un punto di vista. Non sono la loro salvatrice e non ho bisogno di pensare che dovrei aiutarli. Posso potenziarli fino al punto in cui sanno di avere scelta.

Essere inutile quando incontro i clienti crea lo spazio dove le persone possono esplorare dove si trovano in quel momento e che cosa gli piacerebbe scegliere. È arrivare senza alcuna risposta o punto di vista sul dove dovrebbe dirigersi la sessione, o di che cosa dovremmo trattare, o quale dovrebbe essere il risultato. Mi fa uscire dall'avere le risposte e dimostrare che sono utile, e questo crea un rilassamento in me e nel cliente.

Hai mai avuto una sessione con un esperto che cercava disperatamente di darti le risposte, farti cambiare, convincerti che questo metodo ti avrebbe salvato? Com'è andata? So di essere stata un'esperta di questo tipo ogni volta che pensavo di saperne di più del cliente, e so quanto questo fosse una contrazione per entrambi. Non portava da nessuna parte, e il risultato era che mi sentivo un fallimento, e probabilmente si sentiva così anche il cliente.

La maggior parte dei terapeuti sono interessati al risultato, a cosa il cliente dovrebbe ottenere dalla sessione, e al fatto che la sua vita dovrebbe cambiare. E se spettasse al cliente cambiare o meno? Lasciar andare il fatto di essere investiti nel risultato come terapeuta, crea più facilità sia per il terapeuta che per il cliente. I clienti sanno quando i terapeuti vogliono che loro cambino e come. Hanno un sesto senso per questo e li fa lavorare più di quanto debbano, in modo da essere ciò che il terapeuta vuole che siano, piuttosto che permettere che questo sia facile. Oppure il cliente resiste e reagisce al terapeuta e arresta il cambiamento che è possibile.

E se un terapeuta fornisse semplicemente gli strumenti e il cliente scegliesse se, come e quando utilizzarli?

Essere inutile permette a me e al mio corpo di rilassarci e fare le domande che sbloccano la consapevolezza del cliente. Riguarda non avere nessun punto di vista su niente, godersi il facilitare senza essere interessati al risultato, essere lo spazio perché le possibilità si mostrino e permettere al cliente e a me di essere sorpresi da ciò che veramente è possibile oltre all'invenzione della limitazione. Crea leggerezza e facilità, dal momento che entrambi siamo in "modalità esplorazione". Molti momenti "ta-dam!" si mostrano, e il cliente arriva a imparare a fidarsi del proprio sapere e non a fare affidamento su di me.

### *Sexualness*

Che cosa c'entra la sexualness in questa conversazione? La sexualness è una grande parte dell'essere, creare e facilitare cambiamento.

La sexualness è l'energia curatrice, amorevole, espansiva, orgasmica e gioiosa che infonde i nostri corpi. È il nostro modo naturale di essere. I bambini sono molto familiari con quest'energia. Sono degli esseri altamente sessuali. Arrivano godendo di se stessi e dei propri corpi, sempre all'erta per qualcosa e qualcuno con cui giocare. Sono pieni di energia e quando sono stanchi si schiantano ovunque si trovino e dormono. Qualsiasi cosa scelgano nel loro gioco, contribuisce a più gioco e più energia.

*Hai deciso di non poter più essere questo, adesso che sei un adulto?*

*È forse vero? Oppure puoi essere questo ed esprimerlo in un modo che funzioni per te?*

Essere sessuali è dove inviti cambiamento e possibilità diverse nella tua vita. Hai mai forzato qualcosa ad esistere? Sai qual è la sensazione. Forzarti a scrivere un tema, creare più soldi per pagare i conti, forzare il tuo partner a parlare di qualcosa che tu hai deciso essere importante... sai di che cosa sto parlando. Ci vuole un sacco di energia e di solito è molto frustrante.

E se invitassi la sexualness alla festa?

*Se trattassi tutto e tutti come il tuo amante, li inviteresti a venire?*

E loro verranno. Trattare tutto e tutti come il tuo amante coinvolge anche la gratitudine quando vengono, così sono invitati e invogliati a inviti futuri. E se trattassi il denaro come il tuo amante. Cogli quest'energia. Più divertimento? Questo creerebbe forse più facilità coi soldi? E se trattassi il tuo corpo come il tuo amante? Quanto più divertimento potresti avere?

Hai mai obbligato il tuo corpo a perdere peso? Ha funzionato bene? E se fossi grato per te e il tuo corpo, e invitassi te e il tuo corpo a cambiare e chiedere cos'è possibile? "Corpo, mostrami come ti piacerebbe apparire?" Potresti essere sorpreso da ciò che ti mostra.

Cosa puoi scegliere quotidianamente che permette a te e al tuo corpo di essere l'energia della sexualness? Che cosa espande l'energia guaritrice, amorevole, espansiva, orgasmica e gioiosa nella tua vita e nel tuo corpo? Fare una passeggiata sulla spiaggia? Ballare? Scrivere? Parlare ad un amico? Fare un bagno? Che cos'è per te? Come sarebbe se facessi questo per almeno mezz'ora ogni giorno? Quanto creerebbe l'energia delle possibilità e del vivere in tutte le aree della tua vita?

Ero una di quelle persone super-efficienti, con lunghe liste di cose da fare che assolvevo ogni giorno. Avevo il punto di vista che quello fosse il modo nel quale si facessero le cose. Ero frustrata, sempre di corsa durante le mie giornate per poter portare a termine ogni cosa della lista. Cogli l'energia leggendo questo? Non è così divertente, no? Spuntavo le cose nella lista, ma la mia vita non cambiava. Pensavo che se avessi fatto tutto, alla fine avrebbe reso la mia vita migliore. Non l'ha mai fatto.

A questo aggiungi il fatto che sono OCD (il che significa che quando faccio qualcosa, la faccio in ogni dettaglio, il che crea ancora più lavoro). Mi sono resa conto che questo non è il modo nel quale desidero creare la mia vita e così ho fatto l'esigenza di cambiarlo. Adesso inizio la mia giornata chiedendo quale energia mi piacerebbe che fosse la mia vita. Divento consapevole della facilità e della gioia, dell'energia orgasmica, sempre in espansione, amorevole, guaritrice e divertente, che sto richiedendo, e ogni mattina chiedo a me stessa e al mio corpo di essere quell'energia, di percepirla in ogni cellula del mio corpo. Essendo quell'energia, chiedo:

*Che cosa posso scegliere oggi? Dove posso mettere la mia energia oggi che mi permetterebbe di generare e creare la mia vita più in grande di quanto ho pensato che fosse possibile?*

Scelgo quello che si abbina all'energia della vita e del vivere che desidero. Ogni tanto si tratta di fare una passeggiata sulla spiaggia, altre volte si tratta di parlare con qualcuno che mi dà delle informazioni e ispirazione per creare qualcosa di nuovo... Scegliere ciò che contribuisce alla mia vita e al mio vivere crea un costante movimento in avanti. Chiedo a me stessa ancora e ancora: "Che cosa posso scegliere adesso che espanda la mia vita?" e scelgo di nuovo. Questo è essere la domanda, la scelta, la possibilità e il contributo. Gli elementi dell'espansione.

Come sarebbe se scegliessi per te e il tuo corpo di essere l'energia della sexualness? Che cosa sarebbe possibile per te?

Sexualness è essere come la natura: vibrante e in vita. La natura è questa grande orchestra che suona con gli alberi, il vento, il sole, le nuvole, l'oceano, la terra, nella più grande delle sinfonie. Sa quando è il momento di cambiare e istituire il cambiamento con facilità.

Avendo questa facilità con l'essere e il cambiamento, avresti ancora dei problemi?

Essere sessuale quando faciliti un cliente, lo invita ad incarnare quell'energia. E se non la amputassi mai più? Sexualness non implica fare sesso con le persone. Si tratta di essere l'energia che invita te e l'altra persona a giocare di nuovo, ad avere facilità col cambiamento e a lasciar andare i punti di vista fissi che creano dolore e sofferenza.

Le persone presumono sempre che essere sessuali significhi fare sesso, e così si permettono di essere quest'energia solo in camera da letto. Come sarebbe se la portassi fuori dalla camera da letto e dentro a tutta quanta la tua vita? E se lasciassi che l'energia della sexualness permeasse la tua intera realtà? Essere gioioso, amorevole, premuroso, orgasmico, guaritore ed espansivo, dissipa la separazione che crei fra te stesso e le altre persone. Non si tratta più della dinamica tra esperto/maestro e paziente. Si tratta di te che sei te stesso e inviti le altre persone ad essere se stesse.

### *Semplicemente essere te stesso crea cambiamento*

Quello che è divenuto chiaro per me, mentre lavoravo con clienti facilitando il cambiamento, è stato che la tecnica e la modalità con la quale lavoro non sono la fonte del cambiamento nel cliente.

La maggior parte dei terapeuti ha il punto di vista che la loro tecnica serva allo scopo. Nella maggior parte delle modalità c'è un certo modo, una forma e una struttura con le quali devono essere svolte. Il terapeuta di solito applica la tecnica e cerca di fare le cose giuste, usando un sacco di tempo ed energia. Ci sono standard e punti di riferimento coi quali comparano il loro lavoro e poi giudicano se l'hanno fatto giusto o sbagliato, e se hanno avuto successo e ottenuto il risultato che desideravano.

Anch'io ho lavorato in quel modo. Ho letto molti libri e frequentato seminari sui tanti modi diversi di fare psicoterapia. Mi trovavo in uno stato di costante giudizio, e avevo il punto di vista di non fare abbastanza bene, che avrei dovuto dire questo e quell'altro, o che il cliente non aveva ottenuto il cambiamento che avrebbe dovuto ottenere. Mi sentivo terribilmente male, come se fossi un fallimento.

I libri che leggevo riguardo alle tecniche terapeutiche avevano quegli esempi perfetti di come la terapia veniva condotta e come il terapeuta sapesse esattamente che cosa dire al momento giusto, il che rispecchiava quanto perfettamente stesse usando la tecnica. Nelle mie sessioni cercavo di fare lo stesso; mentre ero con il cliente mi ricordavo di quello che avevo letto nei libri e ciò che il terapeuta aveva detto, e cercavo di fare nello stesso modo, o almeno abbastanza "correttamente", il che non ha mai funzionato tanto bene. I miei clienti non dicevano mai quello che dicevano i clienti nel libro; mi guardavano solo in un modo strano e io mi sentivo peggio. Benvenuti all'auto-tortura di un terapeuta.

Dopo un anno passato a fare quello che avrei "dovuto fare", non ce la facevo più. Sapevo di dover cambiare il mio modo di lavorare. Basta con l'auto-tortura. Da qualche parte avevo la consapevolezza che c'era una possibilità diversa che avrebbe reso il lavorare coi clienti molto più facile e gioioso.

Come?

Ho iniziato a fare domande. Ho lasciato andare tutti i miei punti di vista sul fatto che esistesse una tecnica che crea il cambiamento. Ho chiesto ai miei clienti che cos'era che li aiutava e cosa creava cambiamento per loro nel lavoro che facevamo. Tutte le persone alle quali ho chiesto hanno detto che ero io, l'essere che io sono, non quello che dico, ma l'attenzione che ho per loro, il modo in cui li ascolto e parlo senza giudizio; questa è la cosa che li cambia maggiormente.

Wow! Puoi immaginare quanto sentire queste parole abbia cambiato la mia realtà? Ho sempre pensato di dover usare al meglio la mia tecnica, di dover lavorare duro, imparare di più e studiare ancora più a fondo il metodo. Ma non è così. È lo spazio che sono che invita gli altri a essere e trovare quello che stanno cercando.

Questa consapevolezza combaciava con quello che ho sempre saputo fosse possibile. Possiamo facilitarci vicendevolmente a possibilità più grandi semplicemente essendo presenti. Sai com'è quando parli con qualcuno che non ha assolutamente nessun giudizio di te, che non ha alcun punto di vista sul fatto che dovresti cambiare, che è amorevole e risanatore? Questo è lo spazio dove sei incoraggiato a cambiare, se e quando lo scegli.

Questo è come ho creato Psicologia Pragmatica: facendo delle domande che sbloccano la consapevolezza.

Quando incontro dei clienti, faccio delle domande e incarno le domande. Non mi bevo le loro storie e, tra le cose che dicono, cerco quelle che mi indicano dove e come limitano se stessi. Le limitazioni vengono create quando le persone scelgono inconsapevolezza e quando scelgono di essere inconsapevoli. Quello che davvero li limita, spesso non è ciò che pensano li stia limitando. Il cambiamento non avviene parlando principalmente della limitazione, ma quando si cambia l'energia. Rendere le parole la fonte del cambiamento è una grande limitazione. Il cambiamento è la scelta di invitare una possibilità diversa. Cambiare l'energia ed essere consapevoli delle scelte, crea maggiore facilità ed espansione; questo è ciò che cambia la vita delle persone. Lasciar andare i punti di vista e i giudizi dai quali le persone operano, apre la consapevolezza a cosa ci vorrebbe per creare quello che desiderano.

Sai che puoi parlare incessantemente di un problema e cercare la causa e le ragioni, e tutto ciò che fai è creare una storia, rendere la storia reale e scavare ancora più a fondo nel problema. La tua energia è pesante e di solito ti senti sbagliato e depotenziato. Il fatto che questo sia il modo in cui, teoricamente, dovrebbe avvenire il cambiamento in questa realtà, è affascinante per me.

Cercare che cosa espande te e la tua consapevolezza crea una leggerezza e una facilità nel tuo universo e nel tuo corpo, perfino quando diventi consapevole di un giudizio negativo o di un atteggiamento critico che hai avuto.

Come sarebbe se potessi essere, sapere e ricevere la grandezza di te? Quanti di quelli che chiami i tuoi problemi semplicemente sparirebbero e non sarebbero più rilevanti? Sei disposto a scegliere di permettere alla tua vita di essere facile e gioiosa? Per poter ricevere tutto, incluso te stesso, in totalità, senza giudicare nulla? Quanto ti piacerebbe ispirare il mondo a una prospettiva diversa?

Lasciando andare l'erroneità di te, il tuo dolore e la tua sofferenza, crei un mondo diverso. Accendere le luci della consapevolezza e della coscienza, è lo spazio nel quale la devastazione, i problemi, il dolore e la sofferenza non possono esistere. Cessi di essere l'effetto. Sei il terminator del dolore e della sofferenza; lo "scaccia dolore".

Essere cosciente e consapevole è dove tutto nella vita ti viene con facilità e gioia e gloria.

Essere e incarnare la consapevolezza, elimina i muri di separazione fra te e gli altri, fra te e ciò che davvero desideri.

Benvenuto al tuo mondo. Benvenuto al nostro mondo. Benvenuto ad una vita di facilità, gioia e gloria. Sì, è una scelta che hai.

# Riguardo all'Autore

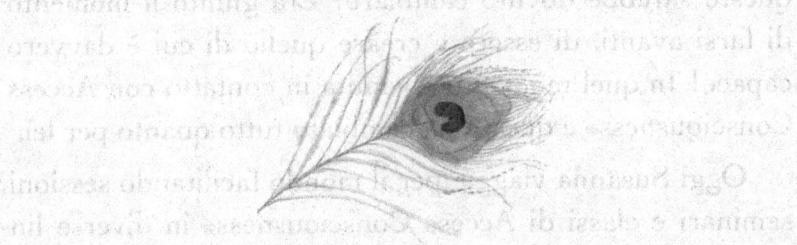

**Mag. Susanna Mittermaier**, CFMW, psicologa clinica laureata, terapeuta e Facilitatrice di Access Consciousness®, da Vienna, Austria, sta creando un nuovo paradigma con la psicologia e la terapia, Psicologia Pragmatica, utilizzando gli strumenti rivoluzionari di Access Consciousness®.

Susanna ha una prospettiva trasformativa diversa e dinamica rispetto al male psicologico e alla malattia mentale, andando oltre a quello che è attualmente disponibile sul mercato.

Susanna ha lavorato per anni in psichiatria in Svezia e si è occupata del trattamento di clienti con depressione, ansia, bipolarismo, ADHD, ADD, autismo, Aspergers e altre diagnosi mentali, ottenendo risultati notevoli.

Susanna Mittermaier ha sempre desiderato potenziare le persone nel riconoscere il loro sapere, nell'essere chi sono e nell'essere la scelta di un modo di vivere più gioioso. Oltre a diventare una psicologa, Susanna ha anche studiato per diventare insegnante, filosofa, linguista e si è esercitata anche in altre modalità. Susanna, fin da bambina, guardava il mondo e si chiedeva perché le persone fossero così infelici, quando vivere può essere una tale facilità e gioia. Per un po' ha dimenticato il proprio sapere. Sapeva che questo sarebbe dovuto cambiare! Era giunto il momento di farsi avanti, di essere e creare quello di cui è davvero capace! In quel momento è venuta in contatto con Access Consciousness® e questo ha cambiato tutto quanto per lei.

Oggi Susanna viaggia per il mondo facilitando sessioni, seminari e classi di Access Consciousness® in diverse lingue. Quello che la gente dice... "Sei la psicologa più strana e gioiosa che ho mai incontrato, mi sento pazzamente sano, il mio mondo è cambiato!"

Susanna descrive questo come una psicologia che ti aiuta ad aggiustare il tiro con questa realtà e l'aggiungere consapevolezza ti porta completamente al di fuori della scatola per accedere a più di te, molto più di quanto puoi immaginare sia possibile!

## Classi di Psicologia Pragmatica

Come sarebbe se ci fosse a disposizione un paradigma diverso per depressione, ansia, bipolarismo, disordini della nutrizione, schizofrenia e qualsiasi altro "disordine", così come viene diagnosticato clinicamente? Susanna Mittermaier, psicologa clinica austriaca sa che c'è! Susanna ha applicato per anni gli strumenti di Access Consciousness® nel campo della salute mentale in Svezia e nel suo lavoro, e ha visto cambiamenti incredibili. Come sarebbe se potessi andare oltre all'essere normale e accedessi alla tua vera genialità? Che cos'è giusto di te che non stai cogliendo? E come puoi cambiare ciò che, in teoria, viene gestito da tutta la vita con farmaci, usando piuttosto strumenti e domande?

Queste classi sono per tutti. Persone che sono state diagnosticate, i loro familiari, amici, terapeuti di ogni genere, genitori, insegnanti, lavoratori sociali. Chiunque sia curioso di scoprire di più riguardo a maggiori possibilità per il cambiamento e riguardo al facilitare il cambiamento, e tutti voi che siete disposti ad accedere a quello che Voi sapete!

Benvenuti al viaggio da dolore, sofferenza e accanimento verso facilità, gioia e gloria!

Queste classi vengono tenute in tutto il mondo e anche online.

www.susannamittermaier.accessconsciousness.com

**Testimonianze:**

*Sono un'infermiera psichiatrica e ho frequentato la classe di Psicologia Pragmatica di Susanna. Lavoro con adolescenti a cui è stata diagnosticata una malattia mentale e aiuto le loro famiglie a supportarli. Ho anche un figlio adulto con una diagnosi di schizofrenia. Il regalo che Susanna porta nel suo lavoro è un modo completamente diverso di vedere la malattia mentale; guarda oltre la disgrazia che porta la "malattia", guarda i regali e le capacità che questi bambini e questi adulti realmente possiedono. Ci insegna come accedere al nostro sapere per mantenere lo spazio per una possibilità diversa, per i nostri clienti, famiglie e per noi stessi. E lo fa con una tale leggerezza e gioia! Ascolto le registrazioni ancora e ancora mentre cammino per andare a lavorare, perché davvero mi aiutano a stabilire un tono incredibilmente calmo e positivo per la giornata. Grazie mille Susanna!*

*Ciao Susanna!*

*Grazie infinite per la tua classe di Psicologia Pragmatica! Sono così grata per te e per la classe. La riascolto in continuazione. Mi riconosco in molto di quello che hai fatto. Lavoro a scuola e ci sono molte somiglianze con il sistema della salute. La tua classe ha iniziato ad aprire un'altra possibilità, un modo che so che funziona per me e crea possibilità più grandi e quindi GRAZIE dal profondo del cuore!*

*Vedo un sentiero diverso adesso. Cos'altro è possibile? Sei meravigliosa e, wow, che contributo per questo mondo e questa realtà! Come può essere ancora meglio di così?*

**Per maggiori informazioni sull'autore vai su: www.susannamittermaier.com**

# Le Classi Principali di Access Consciousness®

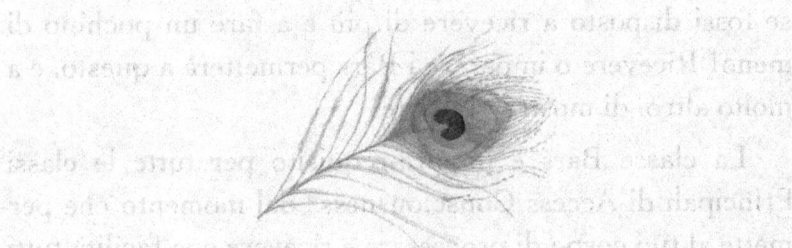

Access Consciousness® è un insieme di strumenti e tecniche designate per aiutarti a cambiare qualsiasi cosa che non stia funzionando nella tua vita, in modo da poter avere una vita diversa e una realtà differente. Sei pronto a esplorare le infinite possibilità?

*Le Classi Principali di Access Consciousness elencate qui sotto possono espandere la tua capacità di consapevolezza così che tu abbia una più grande consapevolezza di te, della tua vita, di questa realtà e oltre! Con una più grande consapevolezza puoi iniziare a generare la vita che hai sempre saputo possibile e che ancora non hai creato. Cos'altro è possibile? La consapevolezza include tutto e non giudica niente.*
*~ Gary Douglas, Fondatore Access Consciousness®*

### Gli Access Bars™

La prima classe in Access Consciousness® è "i Bars". Sapevi che ci sono 32 punti sulla tua testa che, se toccati delicatamente, rilasciano senza sforzo e facilmente pensieri, idee, credenze, emozioni e considerazioni che hai immagazzinato in ogni vita passata?

La tua vita non è ancora come ti piacerebbe che fosse? Tu potresti avere tutto quello che desideri (e ancora di più!) se fossi disposto a ricevere di più e a fare un pochino di meno! Ricevere o imparare i Bars permetterà a questo, e a molto altro, di mostrarsi per te!

La classe Bars è un pre-requisito per tutte le classi Principali di Access Consciousness® dal momento che permette al tuo corpo di processare e ricevere con facilità tutti i cambiamenti che stai scegliendo.

*Durata: 1 giorno.*

### Fondazione e Livello 1

Access Consciousness® è un sistema pragmatico per funzionare al di là delle limitazioni di un mondo che non funziona per te. Osservando le questioni della vita da una prospettiva completamente diversa, diventa facile cambiare qualsiasi cosa.

La Fondazione di Access riguarda uscire dalla matrice di questa realtà, svelare e rilasciare i punti di vista che ti stanno limitando.

Nel Livello 1 scoprirai come creare la tua vita come la desideri. Questa classe ti darà una consapevolezza di te ancora più grande in quanto essere infinito e delle scelte infinite che hai a disposizione.

*Durata: 2 giorni per classe*

*Pre-requisiti: i Bars (e Fondazione per fare Livello 1)*

## Livelli 2 & 3

In queste due classi tenute dai fondatori di Access Consciousness®, Gary Douglas o Dott. Dain Heer, avrai accesso ad uno spazio dove iniziare a riconoscere le tue capacità in quanto essere infinito. Diventerai più cosciente di ciò che ti piacerebbe generare come vita: finanziariamente, nelle relazioni, nel tuo lavoro e oltre.

*Generare la tua vita è un incremento di momento in momento in quello che è possibile nella tua vita. Quando smetti di creare dal passato, puoi iniziare a generare un futuro che sia illimitato. E se percepire le possibilità potesse rimpiazzare il giudizio di tutti i punti nei quali sei giusto o sbagliato?*

*~ Gary Douglas*

*Durata: 4 giorni (2 giorni per Livello 2 & 2 giorni per Livello 3)*

*Pre-requisiti: Access Bars, Fondazione, Livello 1*

## Classe sul Corpo di Access

E se il tuo corpo fosse una guida ai segreti, ai misteri e alla magia della vita? La Classe sul Corpo di Access è stata creata da Gary Douglas e Dott. Dain Heer ed è facilitata da Facilitatori Certificati della Classe sul Corpo.

La Classe sul Corpo di Access è designata ad aprire un dialogo e creare una comunione col tuo corpo che ti permetta di goderti il tuo corpo piuttosto che lottarci contro. Quando cambi il modo nel quale ti relazioni al tuo corpo, cambi il modo in cui ti relazioni a tutto quanto nella tua vita. Le persone che hanno frequentato la Classe sul Corpo di Access hanno rilevato cambiamenti evidenti nella taglia e/o forma del proprio corpo, sollievo da dolori cronici e dal dolore acuto e un'accresciuta facilità nelle loro relazioni e questioni monetarie.

Hai un talento o un'abilità per lavorare con i corpi che non hai ancora sbloccato? O sei forse una persona che lavora con i corpi, massoterapista, chiropratico, medico o infermiera, che sta cercando un modo di potenziare la guarigione che puoi realizzare per i tuoi clienti?

Vieni a giocare con noi e a esplorare come comunicare e relazionarti coi corpi, incluso il tuo, in molti nuovi modi.

*Durata: 3 giorni*

*Pre-requisiti: Access Bars, Fondazione, Livello 1*

### Classe sui Corpi Avanzata con Gary Douglas

Questa classe presenta un set unico di processi sul corpo che dà al tuo corpo la possibilità di andare oltre alle limitazioni di questa realtà. E se potessi disfare le limitazioni rinchiuse nel tuo corpo che creano un'alterazione del modo in cui esso funziona? E se il tuo corpo potesse diventare ben più efficiente? E se tu e il tuo corpo non doveste funzionare nel modo in cui tutti quanti in questa realtà credano che debba essere?

E se cibo, supplementi ed esercizi non avessero quasi nulla a che fare con come il tuo corpo davvero funziona? E se potessi avere facilità, gioia e comunione col tuo corpo molto oltre ciò che viene considerato possibile in questo momento? Saresti disponibile ad esplorare le possibilità?

*Durata: 3 giorni*

*Pre-requisiti: Access Bars, Fondazione, Livello 1, 2 & 3 & la Classe sul Corpo di Access due volte*

## La Sinfonia delle Possibilità con Dott. Dain Heer

E se tu fossi il compositore della tua realtà? E se avessi la capacità di essere il compositore dell'Universo? È forse adesso il momento di diventare ciò che è *sempre* stato inteso che fossi?

Questa classe serale è il vero inizio de *La Sinfonia delle Possibilità*, un corso avanzato nel quale diventi intimamente consapevole delle energie e impari come utilizzarle davvero per creare la tua vita, il tuo vivere e una realtà totalmente diversa.

E se NOI, vibrando acusticamente come noi, creassimo una *sinfonia delle possibilità* energetica che cambia il mondo e il pianeta?

## La Sinfonia delle Possibilità - Training Avanzato con Dott. Dain Heer

*La Sinfonia delle Possibilità* è un training avanzato di 3.5 giorni dove diventi intimamente consapevole delle energie e impari come utilizzarle davvero per creare la tua vita, vivere e una realtà totalmente diversa.

Sei consapevole che le tue capacità con le energie sono *uniche?* Sai che il modo col quale risuoni col mondo è un *regalo* fantastico, fenomenale e assoluto? Sei pronto a farti avanti ed ESSERE tutto quanto questo, adesso?

Questo è un training come nessun altro! Dain utilizza il suo processo di trasformazione energetica, la Sintesi Energetica dell'Essere, per aprire lo spazio delle infinite possibilità e ti invita a scoprire le tue capacità lavorando energeticamente su altre persone nella classe.

Con la facilitazione di Dain e insieme con il gruppo, inizi ad accedere a tutto ciò che davvero è a tua disposizione. E se NOI, vibrando acusticamente come noi, creassimo una sinfonia delle possibilità energetica che cambi il mondo e il pianeta?

*Durata: 3 giorni e 1/2*

*Pre-requisiti: Bars, Fondazione, Livello 1, 2 e 3*

**Sii Te Stesso, Cambia il Mondo - L'Inizio con il Dott. Dain Heer**

Questa classe di una sera, aperta a tutti, ti darà un assaggio di cos'altro è possibile nella tua vita. È anche l'inizio della Classe Sii Te Stesso e Cambia il Mondo di 2.5 giorni.

**Eventi Access Consciousness® di 7 giorni**

Sei forse un avventuriero e un ricercatore di possibilità ancora più grandi? Saresti disposto a considerare delle domande che non hai mai fatto prima? E sei disposto a ricevere più cambiamento di quanto tu possa immaginare? Se è così, l'evento di 7 giorni potrebbe essere proprio per te!

Queste classi senza forma e frequentabili esclusivamente dietro invito, vengono tenute due volte all'anno in luoghi bellissimi in giro per il mondo, dal fondatore di Access Consciousness®, Gary Douglas. Per essere invitati, devi aver frequentato almeno una classe di Livello 2 & 3 di persona.

Non esiste nessun'altra classe o evento come questo da nessuna parte nel mondo. Si tratta di un'esperienza unica, che cambia la vita.

*Pre-requisiti: Livello 2 e 3*

*Durata: 7 giorni*

Per saperne di più riguardo alle classi di Access Consciousness® visita: www.accessconsciousness.com

# Altri Libri di Access Consciousness® Publishing

*Divorceless Relationships (non tradotto in Italiano)*
Di Gary M. Douglas

La maggior parte di noi passa un sacco di tempo divorziando parti e pezzi di noi stessi in modo da poterci occupare di qualcun altro. Ad esempio, ti piace andare a correre ma, al posto di correre, passi quel tempo col tuo partner per mostrargli/le che davvero ti importa di lui/lei. "Ti amo così tanto che rinuncerei a questa cosa a cui tengo molto per poter stare con te." Questo è uno dei modi nei quali divorzi da te stesso per creare una relazione intima. Quanto spesso divorziare da te stesso funziona davvero nel lungo termine?

*Sii Te Stesso. Cambia Il Mondo (tradotto in Italiano)*
Di Dott. Dain Heer

Hai sempre saputo che QUALCOSA DI COMPLETAMENTE DIVERSO è possibile? Come sarebbe se avessi un libretto delle istruzioni delle infinite possibilità e dei cambiamenti dinamici per guidarti? Con strumenti e processi che funzionassero davvero e ti invitassero a un modo di essere completamente diverso? Per te? E per il mondo?

*Gioia del Business (tradotto in Italiano)*
Di Simone Milasas

Se stessi creando il tuo business dalla gioia, che cosa sceglieresti? Che cosa cambieresti? Che cosa sceglieresti se sapessi di non poter fallire? Il business è GIOIA, è creazione, è generativo. Può essere l'avventura del VIVERE.

*Leading from the Edge of Possibility:*
*No More Business as Usual (non tradotto in Italiano)*
Di Chutisa e Steven Bowman

Questo libro è per le persone dedite a creare una vita più grande di quella che hanno adesso, e a fare la differenza nel mondo. In questo libro, *Leading from the Edge of Possibility*, gli autori Chutisa e Steven Bowman forniscono opinioni riguardo al business e alla vita, che sono sorte nel loro lavoro con migliaia di consigli d'amministrazione e team durante diverse decadi.

L'argomento di questo libro è niente più business come al solito. Ma forse più precisamente è un libro riguardo a possibilità, scelta, domanda, contributo e che cosa ci vorrebbe per condurre il tuo business e la tua vita dalla soglia delle infinite possibilità.

Scan for more information

**Per ulteriori Libri di Access Consciousness®**
**vai su: www.accessconsciousnesspublishing.com**

CPSIA information can be obtained
at www.ICGtesting.com
Printed in the USA
LVHW102004040222
710169LV00017B/1801

9 781634 930277